A. JACQUESON RELIEUR

HISTOIRE

DE VAUBAN.

A LA MÊME LIBRAIRIE :

HISTOIRE DE THÉODOSE-LE-GRAND. 1 vol. in-12.
HISTOIRE DE GODEFROI DE BOUILLON. 1 vol. in-12.
HISTOIRE DE PHILIPPE-AUGUSTE. 1 vol. in-12.
HISTOIRE DE SAINT LOUIS. 1 vol. in-12.
HISTOIRE DE PIERRE D'AUBUSSON. 1 vol. in-12.
HISTOIRE DE DU GUESCLIN. 1 vol. in-12.
HISTOIRE DE CHRISTOPHE COLOMB. 1 vol. in-12.
HISTOIRE DE LOUIS XII. 1 vol. in-12.
HISTOIRE DE CRILLON. 1 vol. in-12.
HISTOIRE DE BAYARD. 1 vol. in-12.
HISTOIRE DE HENRI IV. 1 vol. in-12.
HISTOIRE DE CONDÉ. 1 vol. in-12.
HISTOIRE DE TURENNE. 1 vol. in-12
HISTOIRE DE LOUIS XIV. 1 vol. in-12.
HISTOIRE DE STANISLAS, roi de Pologne. 1 vol. in-12.
HISTOIRE DE NAPOLÉON. 1 vol in-12.

Louis XIV charge Vauban d'exécuter nouvelles fortifications de Dunkerque

L. LEFORT, IMPRIMEUR-LIBRAIRE,
rue Esquermoise, 55.
1850.

nouvelles fortifications de Dunkerque

HISTOIRE

DE

VAUBAN

Par l'auteur de l'histoire de Louis XIV.

2ᵉ ÉDITION.

LILLE

L. LEFORT, IMPRIMEUR-LIBRAIRE,

rue Esquermoise, 55.

1850.

PROPRIÉTÉ DE

De tous les grands hommes qui ont illustré le règne de Louis XIV, il en est peu dont la renommée soit plus répandue que celle de Vauban. Si l'on parcourt toutes nos frontières de terre et de mer, on ne rencontrera pas une forteresse, pas un port, qui, s'il n'a été construit par Vauban, ne lui doive au moins quelque amélioration, et ne s'enorgueillisse de porter sur ses murailles l'empreinte de son immortel génie. Les étrangers envient à la France l'honneur de lui avoir donné le jour;

les savants, les ingénieurs de tous les pays, tous ceux qui s'occupent de l'art militaire, étudient les écrits où il a tracé les théories de la science, et contemplent d'un œil curieux ces citadelles, ces forts qu'il a construits, ces canaux qu'il a creusés, comme l'exemple à côté du précepte. La réputation, que déjà il s'était acquise de son vivant, du plus habile ingénieur de l'Europe, n'a fait que s'accroître avec le temps, et grandir en s'avançant dans la postérité [1].

Mais les talents de l'ingénieur, les qualités du guerrier, ne sont peut-être pas ce qu'il y a de plus intéressant à étudier dans Vauban. Son désintéressement, sa loyauté, sa franchise, sa modestie, son amour du travail, ses mœurs d'une pureté inaltérable, son dévouement à la Patrie et au Roi, son attachement

[1] En 1848, M. ED. DE LA BARRE DUPARCQ, capitaine du génie, a publié un opuscule (in-8° 48 pages), pour indiquer *l'utilité d'une édition des OEuvres complètes de Vauban.*

à la Religion, toutes ces vertus, en un mot, qui ont fait de Vauban un de ces hommes si rares, nous offrent un enseignement non moins utile, et surtout d'une application bien plus générale. Malheureusement la vie privée de Vauban est peu connue. Sa vie publique appartient à l'histoire et se trouve mêlée aux évènements du règne de Louis XIV; les éloges, les notices publiées par des savants, des académiciens, des ingénieurs, des militaires distingués, ne s'adressent qu'à une certaine classe de lecteurs, aux militaires, aux ingénieurs, aux hommes de science.

Nous avons pensé qu'une histoire populaire de Vauban serait une œuvre utile, où les hommes de toutes les classes, de toutes les conditions, et en particulier la jeunesse, pourraient puiser de précieuses leçons. Tel est le motif qui nous a déterminé à publier ce livre, et nous osons espérer que notre intention, à défaut de tout autre mérite, lui fera obtenir un favorable accueil.

Il était bien difficile, pour ne pas dire impossible, en écrivant une histoire de Vauban, de ne pas être obligé d'employer fréquemment des termes techniques, qui pourraient être peu familiers à un grand nombre de lecteurs auxquels nous nous adressons, c'est pourquoi nous avons cru devoir, pour faciliter l'intelligence du récit, placer à la fin de cet ouvrage un petit vocabulaire des principaux termes de fortifications, d'art militaire et d'hydraulique, dont nous avons fait usage.

HISTOIRE DE VAUBAN.

CHAPITRE PREMIER.

Naissance de Vauban. — Détails sur sa famille. — Sa première éducation. — Il quitte son pays et s'engage dans le régiment de Condé. — Il se distingue au siège de Sainte-Menehould. — Il est fait prisonnier par les troupes royales. — Mazarin le fait entrer dans le régiment de Bourgogne. — Il est employé aux sièges de Sainte-Menehould, de Stenay, de Clermont. — Il reçoit le brevet d'ingénieur. — Il dirige les attaques de Landrecies, de Condé, de Saint-Guislain, de Valenciennes, de Montmédi, de Mardick. — Emploi de son temps pendant les quartiers d'hiver. — Le maréchal de la Ferté protège Vauban. — Il lui fait obtenir la direction en chef des travaux des sièges de Gravelines, Ypres et Oudenarde. — Il est fait prisonnier par les ennemis et renvoyé sur parole.

Sébastien Le Prestre de Vauban, maréchal de France, chevalier des ordres du roi, commissaire-général des fortifications, gouverneur de la citadelle de Lille, seigneur de Vauban, de Bazoches, Pierre-Pertuis, Pouilly, la Chaume et d'Epiry, naquit le 15 mai 1633, d'Albin Le Prestre, écuyer, et d'Edmée Cormignolt, à Saint-Léger du Foucheret, paroisse de cette partie de l'ancienne province de Bourgogne, connue sous le nom de Morvan. Cette paroisse, située entre Saulieu et Avallon, dépendait du bailliage de Saulieu et du diocèse d'Autun; c'est aujourd'hui une commune du canton de Quarré-les-Tombes, arrondissement d'Avallon, département de l'Yonne [1].

La terre de Vauban, fief possédé depuis le seizième siècle par la maison de Le Prestre, était située dans la paroisse de Bazoches, à cinq lieues de Saint-Léger, près de Vézelai en Nivernais; actuellement la commune de Bazoches est dans le canton de Lormes, département de la Nièvre. En 1595, Jacques Le Prestre, seigneur de Vauban et de Champignollet, servit sous le prince de Conti, avec la noblesse du Nivernais, et *fit foi et hommage* de sa terre de Vauban au duc de Nevers. Il laissa deux enfants, Paul et Albin; Paul, en qualité d'aîné, hérita du titre et de la seigneurie de Vauban; Albin, père du maréchal, ne porta jamais le nom de Vauban, et son fils ne le prit qu'après avoir fait l'acquisition de ce fief, de son cousin-germain, chef de la branche aînée. Du

---

[1] Nous avons suivi, dans l'indication de la date de la naissance de Vauban et pour les prénoms de ses père et mère, la notice publiée par M. le marquis de Chambray. Elle diffère de toutes les autres biographies; mais elle n'en doit pas être moins exacte, car M. de Chambray a pris ses renseignements dans l'acte même de baptême de Vauban, qu'il a fait relever sur le registre de la paroisse de Saint-Léger du Foucheret.

reste, quelque noble que fût cette famille, elle était très-pauvre; et la terre de Vauban était depuis longtemps mise en séquestre, quand elle fut achetée par celui qui devait en rendre le nom à jamais illustre.

Peu de familles ont fourni plus de défenseurs à l'état que celle de Vauban. Dans la seule période de temps que nous avons à parcourir, son père, deux de ses frères, son beau-frère, deux de ses oncles, deux de ses neveux, et onze de ses cousins-germains et issus de germains, furent tués ou moururent couverts de blessures.

Le père de Vauban perdit au service sa vie et sa fortune. Sa mère suivit de près son mari dans la tombe, laissant ses enfants sans ressources et sans appui. Le jeune Vauban (car nous lui donnerons dès à présent ce nom, qu'il ne prit que plus tard), n'avait que dix ans lorsqu'il fut privé de ses protecteurs naturels et presque réduit à la misère; ses parents n'avaient d'ailleurs pu lui donner aucune éducation, et son enfance s'était écoulée au milieu des jeunes paysans de son village, dont il partageait les jeux et souvent les travaux.

Le curé de Saint-Léger-du-Foucheret[1] recueillit le jeune orphelin, et lui donna les premières leçons de lecture, d'écriture, de calcul et de géométrie. « Il faisait un peu, dit M. Dez [2], les fonctions de

[1] Suivant d'autres biographies, ce fut M. de Fontaines, prieur de Saint-Jean à Semur; nous avons suivi ici M. le marquis de Chambray, qui nous paraît bien renseigné.

[2] Professeur de mathématiques à l'école militaire; il **avait**

domestique; il avait soin du cheval du curé, de son écurie, et se rendait utile à la cuisine et aux champs. »
« Le marquis d'Ussé, homme d'esprit, connu par plusieurs écrits, ajoute M. le marquis de Chambray à qui nous empruntons ces détails, aimait à raconter cette circonstance de la vie de son illustre aïeul, qui avait dû surmonter tant de difficultés, étant parti de si bas, pour atteindre au plus haut degré de l'échelle militaire, sans aucun autre protecteur que son mérite [1]. » Du reste, il acquit, dans cette vie dure et active la force et la santé qui, dans la suite, lui permirent de soutenir tant de fatigues, et proportionnaient, pour ainsi dire, les forces de son corps à celles de son génie. Il y acquit aussi un bien plus précieux. Il y puisa ces principes religieux, cette morale, ces vertus chrétiennes qui ne l'abandonnèrent jamais, qui préservèrent ses mœurs des dangers de la vie souvent trop libre des camps, et des séductions plus dangereuses encore de la fortune et de la faveur des cours [2].

recueilli dans un cahier un grand nombre d'anecdotes et de faits intéressants sur Vauban, que lui avait racontés son ami, le marquis d'Ussé, qui les tenait de sa mère, fille du maréchal de Vauban, ou de Vauban lui-même. Malheureusement ce cahier s'étant trouvé confondu avec plusieurs manuscrits de Vauban, qui appartenaient à la famille d'Ussé, a été égaré, après l'extinction de cette famille, et la division de ses biens entre une douzaine d'héritiers collatéraux. On aurait pu trouver dans ce cahier les détails qui nous manquent sur la vie privée de Vauban, détails qu'il serait si intéressant de connaître.

[1] Œuvres de M. le marquis de Chambray, t. 5, Mélanges, p. 11.

[2] La maison où naquit Vauban ne se distingue en rien des autres maisons du village de Saint-Léger-du-Foucheret; elle se

Le jeune Vauban gémissait en secret du genre de vie auquel une cruelle nécessité l'avait condamné. Il se sentait appelé à d'autres destinées. Le souvenir de son père, l'exemple de toute sa famille, et sans doute aussi l'impulsion de son courage et de son génie, le décidèrent à embrasser la carrière des armes, aussitôt qu'il en aurait la force. Un jour, c'était au commencement de l'année 1651, Vauban, sans avoir parlé à personne de son projet, s'échappe de la maison du curé de Saint-Léger, et seul, à pied, sans ressources, il va rejoindre le régiment de Condé, infanterie, où il s'engage dans la compagnie d'Arcenay. La France était alors agitée par les troubles de la fronde. Le grand Condé, l'irréconciliable ennemi de Mazarin, venait de sortir de la captivité où l'avaient si longtemps retenu la politique de son rival et la jalousie de la cour ; il était rentré triomphant à Paris, et le cardinal ministre avait été forcé de subir l'exil auquel l'avait condamné un arrêt du parlement. Vauban, comme on le pense bien, était par son âge, et surtout par la manière dont il avait vécu jusque-là, complètement étranger aux intrigues des factions. S'il avait embrassé le parti de Condé, ce n'était ni par esprit d'opposition à la cour, ni par haine contre Mazarin ; mais il avait suivi l'exemple d'un grande partie de la noblesse du royaume, et surtout celui

---

composé d'une seule et grande pièce, d'une petite grange et d'une écurie ; le tout sous un même toit recouvert en chaume. Elle était habitée en 1776 par un sabotier, et l'est actuellement par un petit propriétaire. — (Notice de M. le marquis de Chambray sur Vauban.)

de sa famille et de la noblesse de Bourgogne, depuis longtemps dévouée à la maison de Condé. Puis la gloire du vainqueur de Rocroi, de Nordlingen et de Lens brillait alors d'un pur éclat, que nulle tache n'avait encore ternie, et l'on conçoit sans peine quelle attraction devait exercer, sur l'âme ardente de Vauban, le nom du grand Condé [1].

Vauban entra dans le régiment de Condé en qualité de simple cadet. On manque de détails sur les débuts de sa carrière militaire; il est probable qu'il commença d'abord à mener de front l'étude et les armes, ainsi qu'il le fit toujours par la suite. « Les

[1] Fontenelle, dans son éloge de Vauban, dit « qu'il entra à l'âge de dix-sept ans, c'est-à-dire en 1651, dans le régiment de Condé; » puis il ajoute : « Alors feu M. le prince était dans le parti des Espagnols. » Tous les biographes ont depuis copié Fontenelle, et nous montrent Vauban, traversant la France à pied, pour aller rejoindre en Flandre le régiment de Condé, qui faisait alors partie de l'armée espagnole (hist du corps de génie, biographie Michaud, etc). Un simple rapprochement de quelques dates suffira pour faire reconnaître l'erreur. — Le prince de Condé sortit de sa prison du Hâvre le 15 février 1651 ; il arriva à Paris au mois de mars suivant ; le 15 mai il obtint le gouvernement de Guyenne ; au mois d'août eurent lieu les scènes tumultueuses au parlement entre Condé et le cardinal de Retz; au mois de septembre Condé se retire à Bordeaux ; l'année suivante commence la guerre civile, pendant laquelle le prince de Condé demande, il est vrai, du secours aux Espagnols, mais il n'est point encore à leur service ; ce n'est qu'au mois d'octobre 1652 que Condé, refusant l'amnistie qui lui était offerte, alla offrir ses services aux Espagnols, et dès le 1er novembre, nous le voyons mettre le siège devant Sainte-Menehould, où Vauban est employé comme ingénieur, après avoir déjà travaillé aux fortifications de Clermont en Lorraine, dans le courant de cette même année 1652. Il est certain que, à cette époque, Vauban devait être au service depuis

premières places fortifiées qu'il vit, dit Fontenelle, le firent ingénieur, par l'envie qu'elles lui donnèrent de le devenir. En faisant ainsi marcher ensemble l'étude et le service, il acquit rapidement de l'instruction, et bientôt sa bravoure et ses talents, bien plus que sa naissance, l'élevèrent au grade d'officier. »
« Mais le métier d'ingénieur était celui qu'il préférait Les travaux des fortifications souriaient à son génie, et les dangers des siéges plaisaient à son courage[1]. »

Le grand Condé devinait les hommes. Pendant la guerre civile de 1652, il avait su apprécier le courage et les connaissances de Vauban ; il le chargea de fortifier la place de Clermont-en-Argonne, qui lui appartenait. Vauban était encore occupé de ces travaux, quand le prince, forcé d'abandonner Paris, où son parti avait dominé si longtemps, traita avec les Espagnols et vint mettre le siège devant Sainte-Menehould (1er novembre 1652). Condé appela Vauban, et le chargea des opérations du siège. Le jeune ingénieur pratiqua quelques *logements*, et au moment de l'assaut, il se fit remarquer des deux armées, en traversant à la nage la rivière d'Aisne, sous le feu de l'ennemi (14 novembre).

Cette action d'éclat eut un grand retentissement

assez de temps, pour avoir fixé l'attention du prince et mérité sa confiance ; c'était donc bien dans les premiers mois de l'année 1651 que Vauban s'était engagé dans le régiment de Condé, comme le disent ses biographes ; mais alors, loin d'être au service des Espagnols, M. le Prince était à Paris, jouissant du triomphe momentané qu'il venait de remporter sur Mazarin.

[1] Histoire du corps du génie, par Allent.

dans le public; le bruit en vint jusque dans les montagnes de Morvan, et c'est ainsi que la famille de Vauban reçut pour la première fois de ses nouvelles depuis son départ de Saint-Léger.

Après le siége de Sainte-Menehould, il entra dans la cavalerie, où il continua à se signaler par son courage et son activité; c'est en servant dans cette arme qu'il reçut sa première blessure.

Quand on connaît le caractère loyal de Vauban, on peut avec raison penser qu'il gémissait de se trouver au milieu des ennemis de sa patrie. Pendant la guerre civile, il avait pu facilement se faire illusion; car, en combattant le parti royaliste, il croyait ne faire la guerre qu'à Mazarin; d'ailleurs il avait pour lui l'exemple de la plupart des gentilshommes et de la plus haute noblesse de France; il croyait donc servir son pays et le roi lui-même, en portant les armes sous la bannière du premier prince du sang, du héros qui avait tant de fois fait trembler les ennemis de la France. Mais aujourd'hui cette illusion n'était plus permise; Condé n'était plus un chef de parti, dont le triomphe n'eût abouti qu'au renvoi d'un ministre détesté; c'était un traître à son roi et à sa patrie, qui avait fait un pacte avec ses ennemis. Cependant, comment se dégager des liens qui l'attachaient à Condé? Les idées féodales du temps, le serment qu'il avait prêté, la reconnaissance envers son bienfaiteur, ne lui permettaient pas de l'abandonner au moment de sa disgrace, après avoir embrassé sa cause au moment de son triomphe. Heureusement, un évènement imprévu vint le tirer de cette fausse position et le rendre à sa patrie. Il fut fait prisonnier par les troupes royales (1653), et conduit à Mazarin. Le cardinal, qui savait aussi apprécier les hommes de mérite, et qui connaissait Vauban de réputation, l'accueillit d'autant mieux qu'il ne voulait pas laisser dans les rangs des ennemis de l'état un officier aussi distingué. Il aurait pu le faire poursuivre, en vertu de l'arrêt qui condamnait Condé et tous ses adhérents; mais il reconnut bientôt que l'âme franche et loyale du jeune officier avait été séduite par l'éclat du nom du grand Condé, et qu'une fois replacé dans le véritable chemin de l'honneur et de la gloire, il ne s'en écarterait jamais. Il lui offrit sa grace, à condition qu'il entrerait au service du roi. Il n'eut pas de peine à déterminer un homme, qui, suivant l'expression de Fontenelle, « était né le plus fidèle sujet du monde, » et que l'inexpérience et la jeunesse avaient un instant égaré.

Mazarin obtint, avec sa grace, une lieutenance dans le régiment de Bourgogne infanterie; il l'envoya cette même année (1653), rejoindre le chevalier de Clerville, l'ingénieur le plus renommé de ce temps. Clerville assiégeait Sainte-Menehould; Vauban l'aida à reprendre cette ville qu'il avait, l'année précédente, contribué à enlever aux troupes du roi; il fut ensuite chargé de faire réparer les fortifications de la place.

Il coopéra l'année suivante, mais toujours en sous-ordre, aux travaux du siège de Stenay, où il fut blessé, et trois mois après à ceux du siège de Clermont. On se rappelle qu'il avait débuté dans sa carrière d'ingénieur en travaillant, deux ans auparavant aux fortifications de cette place. Nous le verrons plus d'une fois encore, dans le cours de sa vie, assiéger et prendre des villes qu'il avait lui-même fortifiées. Quelque temps après le siège de Clermont, le 5 mai 1655, il reçut le brevet d'ingénieur, objet de tous ses vœux. Dans la même année, sous les yeux de Clerville, il dirigea avec la même ardeur et le même succès les attaques de Landrecies, de Condé, de Saint-Guilain; de Valenciennes, en 1656; de Montmédy et de Mardick, en 1657. Il reçut une nouvelle blessure au siège de Valenciennes, et trois à celui de Montmédy. Son nom fut cité dans la Gazette du temps avec éloge, et ce fut ainsi que pour la seconde fois, depuis son départ, on reçut de ses nouvelles dans son pays. Peut-être pourrait-on accuser Vauban d'ingratitude ou d'indifférence envers sa famille, et envers le seul protecteur qui avait pris soin de son enfance; mais les circonstances de son départ ou plutôt de sa fuite de Saint-Léger sont trop peu connues, pour que l'on se permette d'accuser légèrement d'ingratitude un homme tel que Vauban, dont le cœur s'est toujours montré pénétré des plus nobles sentiments.

Dans tous les sièges où nous l'avons vu figurer jusqu'ici, Vauban s'était fait remarquer par un zèle qui ne se refroidissait jamais, par une valeur brillante, par une présence d'esprit et un calme extraordinaire au milieu des plus grands dangers; par des talents enfin, qui le classaient au premier rang des ingénieurs français, et qui faisaient présumer que par la suite il les dépasserait tous; et pourtant il venait seulement d'atteindre sa vingt-quatrième année. Sa modestie égalait son mérite, et sa subordination à l'égard de ses chefs était telle, qu'il n'envisageait dans ses travaux guerriers que leur gloire, celle du corps auquel il appartenait, et surtout celle de sa patrie. Content du sort qu'il s'était créé, il semblait fuir la célébrité; mais la célébrité vint en quelque sorte le chercher [1].

A la fin de chaque campagne, les troupes entraient en quartier d'hiver jusqu'au retour de la belle saison. Ce long repos était employé en fêtes et en plaisirs par la plupart des jeunes officiers. Vauban consacrait ce temps à l'étude de son art; il méditait, dans le silence du cabinet, les écrits et les travaux de ses devanciers; il y ajoutait les connaissances que lui avait déjà procurées l'expérience, et son génie découvrait la route nouvelle qu'il devait faire parcourir à la science.

Dans une seule circonstance, il sortit de son caractère grave et digne. Etant venu à Paris dans un de ses quartiers d'hiver, il passa quelque temps avec plusieurs jeunes officiers de ses amis, et entraîné par leur influence et leurs exemples, il prit part à leur dissipation et à leurs divertissements; mais il ne fallut que peu de jours à cette âme pure et sérieuse pour comprendre les funestes conséquences de l'oisiveté et des mauvaises compagnies. Il s'empressa de s'éloigner des périlleuses occasions auxquelles il s'était imprudemment exposé, et de retourner à ses travaux,

[1] **Vie de Vauban**, dans les mélanges de M. le marquis de Chambray, p. 14.

et tâcha d'effacer, par l'étude et la méditation, le souvenir d'un instant d'oubli.

« Quelque brillants qu'eussent été les débuts de Vauban dans la carrière des armes, il eût langui sans doute dans les rangs inférieurs, s'il ne se fût trouvé, ce qu'assurément il ne cherchait point, un homme puissant qui lui servit de protecteur : cet homme fut le maréchal de la Ferté [1]. »

Condé avait deviné Vauban ; le maréchal de la Ferté, qui le vit servir sous ses ordres dans plusieurs des sièges dont nous venons de parler, sut l'apprécier. Quelque temps avant le siège de Valenciennes, il lui avait donné une compagnie dans son régiment ; il lui en fit obtenir une nouvelle dans un autre régiment, pour lui tenir lieu de pension ; c'est ainsi qu'il le tira de l'état de gêne où le tenait son défaut de fortune ; et pour justifier ce qu'il faisait en sa faveur, le maréchal se plaisait à répéter que si la guerre pouvait épargner ce jeune homme, il parviendrait aux premières dignités militaires. Pour preuve de la confiance que lui inspiraient son courage et ses talents, il le demanda pour diriger en chef les travaux du siège de Gravelines, place très-forte, dont il était chargé de faire le siège (août 1658). Vauban justifia par un brillant succès la confiance du maréchal, et dans la même année il fut chargé de conduire les travaux des sièges d'Ypres et d'Oudenarde, sous les ordres du maréchal de Turenne.

Dans ces trois sièges, Vauban trouva l'occasion

---

[1] Notice de M. de Chambray.

d'essayer les inspirations de son génie ; il ne s'y livra toutefois qu'avec cette méfiance de soi-même qui accompagne toujours le vrai mérite ; et il se contenta de montrer, par d'heureuses, mais légères innovations, ce que l'on devait attendre un jour de son génie mûri par l'expérience. Le cardinal Mazarin, qui n'accordait pas légèrement les gratifications, lui en donna une assez considérable, et l'accompagna d'éloges, qui étaient, pour un homme du caractère de Vauban, une récompense plus précieuse. Cependant, vers cette même époque, il éprouva un malheur qui aurait pu briser son avenir : il fut fait prisonnier ; heureusement pour lui on le renvoya sur parole, et bientôt après il fut échangé.

Tels sont les seuls détails que l'on connaisse des premières années de Vauban. Désormais son histoire, comme le dit Fontenelle, devient une partie de l'histoire de France.

CHAPITRE II.

Occupations de Vauban pendant la paix des Pyrénées. — Son mariage. — Mort de Mazarin. — Louis XIV règne par lui-même. — Louvois et Colbert se partagent l'administration des forteresses. — Grands travaux dont Vauban est chargé. — Digression sur les changements survenus dans l'art de fortifier et d'attaquer les places depuis l'invention de la poudre. — Anciennes forteresses. — Moyens d'approcher et d'attaquer les anciennes places. — Changements dans la construction des forteresses. — Les bastions substitués aux tours. — Travaux avancés, ouvrages extérieurs, etc. — Vauban est chargé d'abord de fortifier Dunkerque. — Travaux qu'il fait exécuter dans cette place. — Canal du Languedoc. — Erreur de quelques personnes qui en ont attribué les travaux à Vauban. — Colbert charge Vauban de visiter les ports de Normandie. — Guerre de 1667. — Vauban sert dans le corps d'armée commandé par le roi. — Il est chargé de fortifier Charleroi, puis du siège de Douai, où il est blessé à la joue. — Siège de Lille. — Commencement de la faveur de Vauban. — Il est nommé lieutenant des gardes du roi. — Il est chargé de fortifier les places conquises. — Paix d'Aix-la-Chapelle. — Vauban est nommé gouverneur de la citadelle de Lille. — Plan en relief de cette citadelle. — Travaux de Vauban sur les frontières du Nord et en Roussillon. — Son voyage à Turin. — Ses recherches pendant ses voyages. — Il retourne en Flandre, reprend les travaux de Dunkerque et des autres places de Flandre. — Usage des manœuvres d'eau. — Mémoires pour servir d'instruction sur la conduite des sièges.

LE traité des Pyrénées, conclu le 7 novembre 1659, ramena la paix ; pendant six ans la France jouit d'une tranquillité qu'elle ne connaissait pas depuis un grand nombre d'années. Ce laps de temps ne fut point pour Vauban un temps de repos; nous le verrons pendant cette période se montrer aussi habile ingénieur dans les travaux de la paix que dans ceux de la guerre, et non moins remarquable par ses vues et par ses projets, que par la manière de les mettre à exécution.

La réputation dont il jouissait lui fit contracter, quelque temps après la paix des Pyrénées, une alliance convenable à sa naissance, mais à laquelle son peu de fortune ne lui aurait pas permis de penser, s'il n'eût racheté ce défaut par son mérite distingué, et par les justes espérances qu'il faisait concevoir. Le 25 mars 1660, il épousa Jeanne d'Osnay, fille de Claude d'Osnay, baron d'Epiry, et d'Urbaine de Rouvier.

L'année suivante fut signalée par un évènement important dans les annales de la France, et qui eut en particulier une grande influence sur la fortune de Vauban. Mazarin mourut le 9 mars 1661, et Louis XIV déclara qu'il gouvernerait par lui-même, et qu'il ne voulait plus se servir de premier ministre. Depuis la mort de Henri IV, la France n'était plus accoutumée à la main puissante d'un roi : le maréchal d'Ancre, le connétable de Luines, le cardinal de Richelieu, le cardinal Mazarin, avaient successivement régné sous Louis XIII, et pendant la longue minorité de Louis XIV. On douta d'abord de la persévérance de Louis, dans une si sage résolution; mais bientôt on reconnut que sa détermination n'était point l'effet d'un caprice passager; chacun applaudit au jeune monarque, qui saisissait d'une main ferme les rênes du gouvernement, et on conçut les plus heureuses espérances pour l'avenir de ce règne.

Louis XIV montra tout d'abord, dans le choix de ses ministres, qu'il possédait le premier talent d'un souverain, celui de connaître et d'employer les hommes. Ce fut un puissant motif d'encouragement pour ceux qui, comme Vauban, étaient doués de qualités éminentes, de penser que leurs services ne seraient point méconnus, et qu'ils trouveraient dans leur souverain un juste appréciateur de leur mérite et de leur capacité.

L'administration des forteresses fut partagée entre Louvois et Colbert. Le premier, comme secrétaire d'état de la guerre, réunit aux travaux des sièges et des armées ceux des nouvelles frontières de la France, dans la Flandre, l'Artois et le Hainaut, sur la Meuse, en Italie et dans le Roussillon. Les places maritimes de l'Océan, depuis Calais jusqu'à Bayonne, celles de la Méditerranée, et les anciennes frontières de Picardie, de Champagne, des Trois-Evêchés, de Bourgogne, d'Alsace et de Languedoc, furent placées sous la direction de Colbert, dont le département comprit aussi tous les travaux publics de l'intérieur, la marine et les finances [1].

Ce fut sous les ordres de ces deux ministres que Vauban commença ces grands travaux de fortifications qui sont restés comme des monuments inébranlables de son génie, et comme des chefs-d'œuvre qui ont

---

[1] Allent, histoire du corps du génie, page 60.

servi et qui servent encore de modèle aux ingénieurs de tous les pays.

Avant de parler de ses premiers travaux en ce genre, il est bon de connaître quel était à cette époque l'état de la science, afin que l'on puisse juger des progrès qu'elle doit à Vauban. Un coup-d'œil jeté sur l'histoire des changements survenus avant lui, dans l'art de fortifier et d'attaquer les places, nous paraît donc un préliminaire indispensable, et qui fera mieux comprendre la suite de cette histoire.

L'invention de la poudre fut l'origine d'une grande révolution dans la science des armes. Les méthodes anciennes furent peu à peu abandonnées. La guerre, l'attaque des places et la fortification devinrent des arts nouveaux, qui, comme les autres sciences, eurent leur enfance et leurs périodes d'accroissement.

La même révolution changea à la fois les armes et la constitution des armées. D'anciens corps devinrent moins utiles et disparurent. D'autres se formèrent, faibles d'abord, sans institution positive, mais qui s'accrurent et s'organisèrent, à mesure que leur service acquit plus d'importance et d'éclat. C'est ainsi que le corps des ingénieurs naquit des changements qui s'opérèrent dans l'art d'attaquer, de défendre et de construire les forteresses.

Nous n'entrerons pas dans les détails des modifications survenues dans les armes offensives et défensives des hommes de guerre, par suite de l'invention de la poudre; ces changements sont connus de tout le monde, et d'ailleurs ils sont étrangers à notre sujet;

nous ne parlerons que de ce qui concerne l'attaque et la défense des places.

Les places des anciens étaient simples, et, dans les sièges, leurs machines ou leurs travaux d'approche étaient compliqués : leurs moyens offensifs étaient faibles, et les ressources de l'attaque, inférieures à celles de la défense. C'est le contraire chez les modernes, et cette différence est un des résultats les plus remarquables de l'invention de la poudre.

Les anciens employaient, pour approcher d'une place, des moyens nombreux et compliqués. On les rangeait en trois classes :

1° Les *machines portatives*. Telles étaient les *targes* ou *pavois*, espèce de boucliers avec lesquels des fantassins formaient un mur parallèle à la place, par-dessus lequel les gens de trait décochaient leurs flèches.

2° Les *machines mobiles*. Telles étaient les *mantelets*, les *vignes*, les *chats* ou *tortues*, et les *tours mobiles*, appelées par les Grecs *hélépoles*. Les mantelets ne servaient qu'à protéger quelques soldats ou travailleurs. On formait avec les vignes des galeries parallèles à la place : les tortues et les tours mobiles approchaient des murailles les gens de trait, et le *bélier*, destiné à battre en brèche.

3° Les *terrasses*. C'étaient des rampes ou levées de terre, par lesquelles on arrivait à la campagne jusqu'au niveau des remparts. On y plaçait les tours mobiles qui dominaient ainsi les murailles des villes ; malgré ces différents moyens d'attaque, les sièges étaient longs, difficiles, et duraient quelquefois des années entières. La moindre place, pourvue d'une bonne enceinte, comme on les faisait alors, et défendue par une garnison suffisante et dévouée, bravait l'armée la plus nombreuse; rarement elle était emportée de vive force, et la famine seule pouvait la réduire.

Ces moyens d'attaque, quoique bien imparfaits, se trouvèrent tout-à-fait inutiles, dès que l'artillerie fut employée à défendre les places. On vit alors les anciennes machines de siège voler en éclats; et les terrasses ne servaient qu'à exposer davantage les tours mobiles aux coups des assiégés.

Mais bientôt les assiégeants eux-mêmes firent usage des nouvelles machines de guerre. L'artillerie remplaça les balistes et le bélier, et frappant à de grandes distances les murailles et les tours, y ouvrit de larges brèches. Pour s'approcher des remparts, on substitua les *tranchées* aux terrasses. Au lieu de s'élever on s'enterra; on creusa le sol; on jeta les déblais du côté de la place assiégée; on dirigea cette route en zigzag, de manière à approcher, et tout à la fois d'échapper aux coups d'*enfilade* et de *flanc*. Ces tranchées reçurent et cachèrent l'artillerie destinée à ruiner les murailles, et les troupes chargées de repousser les sorties et de monter à l'assaut. Peu d'élévation au-dessus du sol dérobait ces nouvelles approches au canon de l'ennemi, dont les boulets, ou ne les atteignaient point, ou se perdaient dans les terres roulantes de leurs parapets : leur construction simple et facile permit enfin d'avancer la nuit les travaux, et de les perfectionner le jour, malgré les feux des assiégés. D'utiles changements avaient été faits à ce genre d'approche avant Vauban, mais c'est lui qui le porta à sa perfection.

L'amélioration apportée à l'art d'attaquer nécessita des changements dans l'art de défendre les places. On s'était d'abord contenté d'élargir leurs remparts pour recevoir l'artillerie; mais on éprouva bientôt la nécessité de faire des changements plus considérables. Les places, comme les châteaux de ce temps qui subsistent encore de nos jours, étaient formées d'une enceinte flanquée de tours et précédée d'un fossé. On s'aperçut que le peu de capacité des tours permettait à peine d'y placer quelques canons; qu'elles se *flanquaient* mal, c'est-à-dire qu'il y avait, devant chaque tour, un espace que les tours voisines ne pouvaient découvrir. Cet espace favorisait l'escalade dans les surprises, la *sape* et la *mine* dans les attaques régulières, et l'assaut quand la brèche était faite. Le sapeur, le mineur et la troupe échappaient aux coups des flancs, lorsqu'ils avaient franchi les dernières lignes *tangentielles* qu'on pouvait tirer des tours voisines au revêtement de la tour d'attaque.

Pour corriger ce défaut, on imagina les *bastions* dont la figure a la propriété de ne laisser, devant chacun d'eux, aucun point qui ne soit vu des deux bastions collatéraux, et qui offrent en même temps un espace large et commode pour recevoir et faire manœuvrer l'artillerie. Ainsi, en comparant, abstraction faite des dimensions, la figure des enceintes dans les places anciennes et modernes, on voit que la différence principale consiste en ce que les unes sont flanquées par des *tours*, et les autres par des *bastions*. On n'est pas d'accord sur l'époque où ce changement a eu lieu ; les uns le font remonter jusqu'au commencement du quinzième siècle ; mais l'opinion commune est qu'il fut introduit par des ingénieurs italiens dans les premières années du seizième. Ce qu'il y a de certain, c'est que Vérone fut bastionnée en 1527 ; et vers le milieu de ce siècle Landrecies, le nouvel Hesdin, la citadelle d'Anvers, offrirent les premiers modèles de forteresses neuves et régulières, construites suivant le système bastionné.

La conversion des tours en bastions ne fut ni le premier ni le plus important des changements que l'invention de la poudre obligea de faire dans les enceintes des places.

On substitua les *parapets* en terre aux parapets de maçonnerie, que les bouches à feu faisaient voler en éclats plus dangereux que les boulets mêmes.

Ces parapets, le recul des canons, la circulation des troupes, des munitions et de l'artillerie, forcèrent d'élargir les remparts, d'agrandir les bastions, de pratiquer des rampes, pour communiquer de l'intérieur de la ville sur les terre-pleins de l'enceinte.

Les coups rapides et pénétrants des bouches à feu abattaient de loin, en peu de jours, et presque sans péril pour l'assiégant, les murailles que rien ne protégait ; les débris de l'*escarpe* formaient des rampes praticables ; on sautait dans les fossés ou on les comblait avec des fascines, et tout le siège se réduisait à deux points, faire brèche de loin et donner l'assaut. On construisit, sous le nom de *glacis*, des enveloppes en terre, destinées à cacher les murailles. Dans les places neuves, on s'éleva moins au-dessus du sol, et on tint les fossés plus profonds, afin de conserver à l'escarpe la hauteur nécessaire contre l'escalade.

Pour multiplier les feux, on fit des *fausses-braies*, des *cavaliers*, des *flancs à triple étage*.

On pratiqua des *contre-mines* pour disputer et faire sauter les brèches.

Dans les anciennes places, les tours étaient *casematées*; dans les nouvelles, on établit des *casemates* dans les flancs des bastions et des diverses parties de l'enceinte.

Ce fut vers la fin du quinzième siècle qu'on élargit les remparts et qu'on fit les parapets en terre. Les glacis, les cavaliers, les fausses-braies, les triples flancs parurent dans le seizième siècle.

Tous les changements dont nous venons de parler s'étaient opérés dans l'enceinte des places; de grandes innovations eurent également lieu dans les *ouvrages extérieurs*. On s'appliqua surtout à perfectionner les *fossés*. On exhaussa la *contrescarpe*, et l'assiégeant fut obligé de la renverser par la *sape* ou la *mine*. On pratiqua, dans le fond même des fossés, des chicanes de toute espèce. Telles furent les *caponnières*, et, dans la suite, les écluses, et les manœuvres d'eau, si perfectionnées par Vauban.

La contrescarpe rendait les sorties plus difficiles. Le *corridor* ou *chemin-couvert*, espace ménagé entre le glacis et le fossé, fut destiné à rassembler les troupes et à les recueillir dans leur retraite. On fit une banquette intérieure aux glacis, et ils fournirent contre l'assiégeant des feux de mousqueterie rasants et meurtriers.

Les anciens n'avaient d'autres ouvrages extérieurs que les *boulevards*, les *barbacanes* et les *bailles*, petites pièces de maçonnerie ou de charpente qui couvraient les postes, les ponts ou la tête des faubourgs.

Les modernes ont imaginé cette foule d'ouvrages extérieurs, connus sous les noms de *ravelins*, ou *demi-lunes*, de *contre-gardes*, d'*ouvrages à corne*, de *lunettes*, de *redoutes*, de *tenailles*, etc. On a donné le nom générique de *dehors*, à ceux qu'enveloppe le chemin-couvert de l'enceinte, et celui d'*ouvrages avancés*, aux pièces qui sont jetées au delà des glacis. Autour de celles-ci, on a construit des *avant-chemins couverts;* au bas des glacis, on a creusé des *avant-fossés*; sous les glacis, sous les ouvrages et jusque dans la campagne, on a développé des systèmes de *contre-mines*.

C'est ainsi qu'après avoir réduit l'assiégeant à s'avancer jusqu'au bord des glacis, pour faire brèche, on n'a rien oublié pour l'empêcher d'y arriver, et le forcer, pour ainsi dire, à faire plusieurs sièges avant le siège principal.

La fortification moderne est née dans les guerres civiles des Pays-Bas. Elle s'est introduite en France pendant les troubles de la ligue. Vauban n'en fut donc pas l'inventeur, comme le croient beaucoup de personnes ; mais il y apporta des modifications utiles et des perfectionnements tels, que l'on a pu innover depuis ce savant ingénieur, et qu'il sert encore aujourd'hui de modèle et de maître à tous ceux qui s'occupent de l'art de défendre et d'attaquer les places.

Au mois de novembre 1662, Louis XIV acheta de Charles II, roi d'Angleterre, la ville de Dunkerque, dont il avait fait la conquête en 1658 pour les Anglais. Cette acquisition, qui, outre la ville, la citadelle et toutes les dépendances de Dunkerque, comprenait Mardick et le Fort-Louis, donnait à la France une position importante, vis-à-vis l'embouchure de la Tamise, entre la Flandre espagnole et la mer. A peine cette place et les forts furent-ils occupés par nos troupes, que Louis XIV vint lui-même en prendre possession et les visiter (2 décembre). Il résolut d'en faire une des plus fortes places de son royaume, et de mettre son port en état de recevoir de gros bâtiments. Il chargea Vauban de rédiger les projets de ces immenses travaux, auxquels se rattachaient des constructions de canaux, de digues et d'écluses; et, bientôt après, les projets de cet ingénieur ayant été adoptés, il fut également chargé de les mettre à exécution. Vauban fut alors élevé au grade de lieutenant-colonel au régiment de la Ferté [1].

L'importance de ces travaux, les difficultés que présentait leur exécution, et dont Vauban sut triompher avec tant d'habileté, nous engagent à entrer dans quelques détails plus étendus que nous ne le ferons pour les autres travaux du même genre exécutés par Vauban.

[1] Allent, histoire du corps du génie.

Dunkerque, ainsi que son nom l'indique, est bâti au milieu des dunes. On donne le nom de dunes à des monceaux de sable, qui s'élèvent quelquefois à quarante pieds au-dessus du niveau de la mer, et se présentent à l'œil comme des flots de sable qu'une main toute-puissante aurait condensés et rendus immobiles au moment d'une tempête. Ces dunes forment des digues naturelles, qui protègent contre les invasions de l'Océan, de vastes plaines presque partout inférieures au niveau des grandes marées. Des écluses permettent d'évacuer à marée basse, ou d'introduire, à marée haute, les eaux de la mer dans le pays. Les parties que les dunes ne protègent pas, sont défendues contre les invasions de la mer par des digues artificielles, l'un des plus beaux monuments de l'industrie humaine. Tel est le vaste pays qui forme l'Artois, la Flandre et la Belgique maritimes, la Hollande presque entière, et plusieurs provinces des états du nord de l'Europe. C'est là qu'est né, ou du moins que s'est perfectionné l'art des constructions maritimes, des écluses à la mer, des sas et des canaux navigables.

Au moment où Dunkerque fut réuni à la France, une longue route d'eau, partant de Bruxelles, et communiquant par l'Escaut avec la Hollande, descendait au midi par Bruges, Ostende, Nieuport et Furnes, jusqu'à Dunkerque. Un autre canal unissait Dunkerque et Bergues, et par les rivières de Colme

---

* Cette ville doit, dit-on, son origine et son nom à une chapelle antique bâtie par saint Eloi, et qu'on appela *Dun-kerk*, (en flamand *église des dunes*).

et d'Aa prolongeait la ligne de la navigation jusqu'à Saint-Omer et Gravelines. Mais l'achat de Dunkerque soumettait à une place française la communication de Saint-Omer et de Bergues, appartenant encore à l'Espagne, avec les places maritimes de la Belgique. Castel-Rodrigo, gouverneur des Pays-Bas, fit construire alors (1662) le canal de Furnes à Bergues, et rendit de nouveau cette navigation indépendante de la France. Aussitôt les habitants de Dunkerque et de Bourbourg, dont ce nouvel embranchement blessait les intérêts commerciaux, sollicitèrent la permission d'ouvrir de Dunkerque à Calais un canal qui, traversant l'Aa, unirait les places maritimes de la France, et rendrait le commerce indépendant de l'Espagne.

Vauban favorisa ces idées, rattacha le projet de ce canal à son projet sur Dunkerque, et sut ainsi tourner l'intérêt particulier à l'avantage de l'état. Son coup-d'œil, qui n'embrassait pas seulement le moment actuel, lui faisait prévoir que si la France possédait un jour Saint-Omer, cette nouvelle communication compléterait les cours d'eau qui lient les places de l'Artois et de la Flandre maritime, et qu'elle serait dès ce moment une barrière utile pour protéger, contre les courses des Espagnols, les places de la France et la zône de son territoire le long des côtes.

En jetant les yeux sur Dunkerque, ce canal, ajouté à ceux qui déjà venaient aboutir à ce port, achèverait de rendre la circonvallation de l'ennemi difficile, de couvrir les communications de cette forteresse avec les villes voisines et les armées. « Vauban trouva dans les eaux que ces canaux recueillent, un moyen de former des inondations et des chasses défensives, qui se combinent avec celles des eaux de la mer, et dispensent, dans certains cas, de les employer ; mais il découvre surtout dans ces réservoirs de toutes les eaux du pays, l'élément d'un torrent artificiel, propre à curer le port et à l'ouvrir aux vaisseaux de 50 canons. C'est sur ce vaste système hydraulique qu'il fonde son projet sur Dunkerque De nouvelles écluses soutiendront les eaux ; des manœuvres simultanées entraîneront les sables ; des jetées borderont le chenal, serviront au hallage, dirigeront les chasses et en augmenteront les effets. Un bassin tiendra par toute marée les vaisseaux à flot. Des quais, un arsenal, les magasins, les établissements et les machines nécessaires à la marine et au commerce, environneront ce bassin et le hâvre. Une fortification simple, mais forte et pliée au terrain, renfermera les établissements civils et militaires. Des criques,, des inondations et des courants d'eau défendront tous les fronts de la place. Les dunes aplanies et fixées laisseront de vastes esplanades devant les ouvrages les plus accessibles. Des forts à la mer protègeront la rade et le chenal, et *prendront des revers* ¹ sur les attaques de l'ennemi, tandis que les forts de Mardick et Louis l'obligeront à de premiers sièges. Voilà ce que Dunkerque deviendra dans les

¹ On donne ce nom en Flandre à des fossés marécageux creusés pour écouler les eaux, et qu'on pratique quelquefois, comme moyen de défense, en avant des fortifications.

¹ Voir ces mots au vocabulaire.

mains de Vauban, et sa première place est un chef-d'œuvre [1]

L'exécution de travaux si considérables dura plusieurs années, et n'occupa pas Vauban exclusivement, car pendant ce temps-là il construisit et répara beaucoup d'autres places. Il commença par perfectionner la citadelle de Dunkerque, ébauchée par les Anglais; il rectifia l'enceinte en terre de la place, et commença à la revêtir. Pendant ces premiers travaux, il visita les constructions maritimes de l'Artois et de la Flandre, observant les anciens ouvrages, pour en déduire les lois de ses constructions, conversant avec les ouvriers, et cherchant des lumières dans l'expérience de ceux mêmes qu'une aveugle routine semblait guider.

Pendant ces six années de paix, d'autres travaux importants étaient en voie d'exécution sur d'autres points de la France. Nous ne parlerons pas des bâtiments et des palais que Louis XIV faisait construire à Paris, à Versailles et ailleurs; ce serait sortir de notre sujet. Mais nous ne pouvons passer sous silence « le plus beau et le plus noble ouvrage, » selon l'expression de Vauban, entrepris à cette époque; nous voulons parler du canal du midi, destiné à unir l'Océan à la Méditerranée, et qui fut commencé dans ce temps; entreprise gigantesque, dont on s'était occupé sous le règne de François 1er, dont on s'occupa encore sous presque tous les règnes qui suivirent, et qui ne fut exécutée que sous celui de Louis le Grand.

[1] Allent, histoire du corps du génie, pages 58 et 59.

La gloire d'avoir conçu le plan de ce canal, d'avoir convaincu les esprits de la possibilité de l'alimenter en amenant des eaux au point de partage, enfin de l'avoir exécuté, appartient tout entière à Riquet. Les travaux n'en furent point dirigés par Vauban, ainsi que l'ont dit plusieurs des auteurs qui ont parlé de ce célèbre ingénieur; mais il fut chargé en 1686 de faire l'inspection du canal; il en examina avec soin tous les ouvrages, et y proposa différentes améliorations, dont plusieurs furent exécutées. Le mémoire qu'il rédigea à cette occasion atteste toute l'étendue de ses vues et de ses connaissances dans l'art des constructions. En 1691, Vauban rédigea un second mémoire plus étendu sur ce sujet; nous parlerons de l'un et de l'autre dans la suite de cet ouvrage. Nous remarquerons seulement, à cette occasion, qu'à cette époque le génie militaire était presque exclusivement chargé des travaux de navigation dans le royaume, ce qui a sans doute occasionné l'erreur dans laquelle sont tombés les écrivains dont nous venons de parler.

Tandis que Vauban était occupé aux premiers travaux de Dunkerque, Colbert, qui était bien fait pour apprécier l'étendue de ses connaissances et sa capacité, le chargea de visiter les ports depuis Dunkerque jusqu'à Rouen, pour indiquer les réparations et les améliorations qu'il faudrait y faire, et en même temps de recueillir les plaintes et les réclamations du commerce pour les lui transmettre; malheureusement, on ne sut pas toujours ainsi tirer parti du génie de Vauban, et Louvois et Louis XIV préférèrent l'enfermer dans sa spécialité.

L'année 1667 vit interrompre la paix qui durait depuis six ans. Louis XIV commença, par la conquête de la Flandre, cette longue série de guerres qui devaient durer presque autant que son règne. Cette expédition était entreprise pour faire valoir les droits de la reine, comme infante d'Espagne, à la succession de Philippe IV, son père, quoiqu'elle y eût formellement renoncé à l'époque de son mariage, et que cette renonciation eût été une des clauses formelles du traité des Pyrénées. Cette première guerre, peut-être la plus injuste que Louis XIV ait entreprise, eut le plus brillant succès; comme la dernière qu'il eut à soutenir, quoique la plus juste, fut cependant la plus malheureuse.

L'armée française était divisée en trois corps. Le roi, ayant Turenne sous ses ordres, vint commander en personne le principal corps qui opérait en Flandre; Vauban était attaché à ce corps. Il fut d'abord chargé de fortifier Charleroi, qui avait été enlevé dès l'entrée en campagne; mais à peine avait-il commencé à asseoir les travaux de cette place, qu'il fut rappelé pour diriger les travaux du siège de Douai. C'est là qu'une balle le frappa à la joue, et lui laissa une cicatrice honorable, que Lebrun et Coisevox ont su reproduire, le premier dans le portrait, et le second dans le buste de ce grand homme [1].

[1] Le comité des fortifications a, dans la salle de ses séances, un portrait au crayon et un buste en terre cuite du maréchal de Vauban. Le buste est de Coisevox. La retraite des muscles semble indiquer qu'il a été fait d'après des plâtres pris sur la figure du maréchal après sa mort. Le portrait a plus d'expression. Une note écrite sur le revers dit qu'il est du célèbre Lebrun.

A peine était-il guéri de sa blessure, qu'il fut appelé à conduire le siège de Lille. La place avait été investie, et les quartiers distribués de manière à cerner la ville de tous côtés. Celui du roi était à Loos; celui du maréchal de Turenne à Fives. Le comte de Bruay, gouverneur de la ville pour les Espagnols, n'avait pu réunir dans la place qu'environ 2000 hommes; mais les arbalétriers, les archers et les canonniers bourgeois le secondèrent avec zèle.

Le 18 août, Vauban avait établi ses lignes de circonvallation et de contrevallation, et la tranchée fut ouverte pendant la nuit en deux endroits différents.

L'artillerie de la place fut si bien servie que, pendant plusieurs jours, les travaux d'attaque avancèrent lentement, et la perte des Français fut considérable; mais, dans la nuit du 22 au 23, Vauban avança les ouvrages jusqu'à cent pas de la contrescarpe de la porte de Fives et du bastion de la Noble-Tour.

Le 26, les assiégés firent une sortie et délogèrent les Français de la pointe de la contrescarpe où ils s'étaient établis.

La nuit suivante, les Français, favorisés par la pluie et l'obscurité, reprirent l'avantage, et, en un instant, s'emparèrent l'épée à la main de toutes les demi-lunes, depuis la porte de Fives jusqu'à la Noble-Tour.

Le lendemain (28 août), le gouverneur fit une capitulation, et Lille ouvrit ses portes à Louis xiv. Vauban fit, dans ce siège, preuve de la plus grande habileté, et c'est de cette époque que datent la grande célébrité et la faveur dont il ne cessa de jouir jusqu'à la fin de sa carrière. Le roi, témoin de ses services, le nomma lieutenant de ses gardes (2 septembre 1667), ce qui lui donnait le rang de colonel; joignit au brevet de cet emploi celui d'une pension de 2400 livres, et les accompagna de ces éloges qui doublent les récompenses.

A peine Louis XIV avait-il achevé la conquête des places de Flandre, qu'il voulut les améliorer et en construire de nouvelles. Vauban fut chargé de rédiger les projets de la citadelle de Lille, d'Ath et de plusieurs autres places, et de les mettre à exécution. Tandis que ces travaux le retenaient en Flandre, le roi faisait la conquête de la Franche-Comté. Louis voulut aussitôt fortifier toutes les places de cette province; le chevalier de Clervilla et Mesgrigny en rédigèrent à la hâte les projets; Louvois chargea Vauban de les examiner; mais la paix d'Aix-la-Chapelle en arrêta l'exécution, et, malgré l'avis de Turenne, la Franche-Comté fut rendue à l'Espagne. Nous n'avons rapporté cette circonstance que pour faire voir quelle confiance inspirait la haute capacité de Vauban, puisqu'on le choisissait pour contrôler les plans d'hommes d'un mérite aussi distingué, plus anciens que lui dans les fonctions d'ingénieur, et placés à un degré plus haut dans la hiérarchie militaire.

La paix d'Aix-la-Chapelle avait conservé à la France les conquêtes de la Flandre, et Vauban continua à diriger les travaux qu'il avait commencés.

A peine la citadelle de Lille était-elle ébauchée, que le roi nomma Vauban gouverneur de cette forteresse. Ce fut le premier gouvernement de cette nature établi en France. Vauban ne l'avait point demandé, et à cette occasion Fontenelle observe « que, de toutes les graces qu'il a jamais reçues, il n'en a demandé aucune, à la réserve de celles qui n'étaient pas pour lui. Il est vrai, ajoute-t-il, que le nombre en a été si grand, qu'elles épuisaient e droit qu'il avait de demander. »

Louis XIV voulut avoir le plan en relief de la place et de la citadelle de Lille ; Vauban le fit exécuter, ainsi que celui de plusieurs autres places. Le roi fit réunir ces plans dans la galerie du Louvre, et il se plaisait souvent à les visiter. Telle fut l'origine de cette belle collection de plans-reliefs des places fortes de France, qui se trouve actuellement dans l'hôtel des Invalides.

La paix était pour Vauban aussi laborieuse que la guerre même. Tandis qu'il continuait de diriger avec activité les travaux de Lille, de Dunkerque et des autres places de la Flandre, il traçait le plan de la citadelle d'Arras, et allait, sur l'invitation de Colbert, déterminer les améliorations à faire à Saint-Quentin. Bientôt il fut distrait encore de ces travaux, par l'ordre que lui transmit Louvois de visiter les places du Roussillon. Ce ministre, ayant été chargé lui-même d'une misson importante près du duc de Savoie, se fit accompagner de Vauban (1671), qu'il chargea de tracer les plans pour fortifier Verue, Verceil et Turin ; il fit en même temps les projets de Pignerol.

Pendant ces voyages, Vauban ne s'occupait pas seulement de projets de forteresses et de travaux d'ingénieur. Les pays qu'il traversait étaient pour lui l'objet d'une profonde observation; partout il s'informait avec soin de la valeur des terres, de ce qu'elles rapportaient, de la manière de les cultiver, des facultés des paysans, de leur nombre, de ce qui faisait leur nourriture ordinaire, de ce qu'ils pouvaient gagner par jour. Ces questions n'étaient point dictées par une vaine curiosité : à peine avait-il recueilli ces détails, qu'il s'occupait, dans ses loisirs, à imaginer les moyens d'améliorer le pays et le sort de ses habitants; c'est alors qu'il rêvait ces idées nouvelles de canalisations, de ponts, de routes, de répartition plus exacte et plus juste des impôts, enfin tous ces grands projets, dont une partie nous est restée, dans le recueil qu'il a modestement intitulé *Mes oisivetés*, et qu'on a justement appelés les rêves d'un homme de bien et d'un grand citoyen.

En quittant le Piémont, il retourna à ses travaux de Flandre. Ceux de Dunkerque prirent bientôt, sous ses ordres, une prodigieuse activité. Les habitants construisirent le canal de Bourbourg et ses écluses. Pour les autres travaux, Louis XIV avait mis à la disposition de Vauban un corps de trente mille hommes. L'habile ingénieur organisa leur service d'une manière admirable. Il les divisa en trois corps de dix mille hommes chacun, qui se succédaient chaque jour, de quatre en quatre heures, sur les ateliers. Ils s'y rendaient au signal donné par le canon, dans l'ordre et avec l'appareil militaire; ils quittaient leurs armes pour remplir leur tâche, et les reprenaient pour retourner au camp. Le roi vint lui-même à Dunkerque et y resta près d'un mois, sans cesse à cheval, parcourant les ateliers, encourageant les troupes, excitant le zèle, et développant l'industrie par sa présence, ses éloges et ses bienfaits[1].

Dans toutes les places de Flandre, comme à Dunkerque, Vauban s'appliqua surtout à perfectionner les manœuvres d'eau. Le système des inondations, ce grand moyen de défense, était incomplet avant lui, et nuisait même souvent à ceux qu'il devait garantir. Vauban en fit disparaître tous les inconvénients, et il en augmenta l'utilité; presque partout il saisit le moyen de créer des inondations, de tenir les fossés secs et pleins à volonté, et d'y faire des chasses ou torrents artificiels. A Lille, il établit pour la première fois des *tenailles* sur les *courtines*, et il ménagea entre la citadelle, l'inondation et la place, de vastes terrains inaccessibles, où la garnisson peut camper, faire paître ses chevaux et ses bestiaux, cultiver des légumes, et pendant tout le siège se conserver, ou du moins à ses malades et à ses blessés, l'inappréciable avantage d'une nourriture saine, fraîche et agréable.

Au milieu de ces travaux et de ces voyages, Vauban rédigea, d'après la demande de Louvois et pour l'instruction du ministre même, son premier ouvrage sur l'attaque des places, sous le titre de *Mémoires pour servir d'instruction sur la conduite des sièges.* « Dans cet essai de sa jeunesse, mais où brille déjà un esprit observateur et fertile en ressources, Vauban relève les fautes qui se commettaient dans les sièges,

[1] Chronique milit. de Pinard. — Hist. du génie, par Allent.

prend pour exemple ceux que lui-même a conduits, et cite le plus récent de tous, celui de Lille, qui faisait alors sa gloire. Avec les moyens d'éviter ces fautes, il propose quelques nouveaux expédients, recommande le développement des tranchées, les feux croisés, l'usage du canon pour commencer les brèches, et celui des boulets creux pour disperser les terres. Au siège de Lille, Turenne avait menacé de se retirer, si le roi ne cessait pas de s'exposer témérairement à la tranchée. Vauban n'est pas d'avis que le prince ne visite point la tranchée; il indique les moments du siège où il peut le faire, non sans péril, mais du moins sans y chercher une mort presque certaine, peu glorieuse pour lui et d'une conséquence funeste à l'état. Les derniers chapitres sont consacrés à discuter le cas où il est permis de brusquer l'attaque d'une place, et les dispositions à faire pour y réussir. Il termine en établissant la nécessité et les moyens de former une troupe spéciale aux ordres des ingénieurs et consacrée aux travaux des sièges. C'est ce dernier vœu, souvent renouvelé depuis par Vauban, qui détermina la création des sapeurs du génie, un des plus admirables corps de notre armée.

[1] Histoire du génie, par Allent.

CHAPITRE III.

Guerre de 1672. — Siège de Maëstricht. — Vauban est chargé de le diriger. — Il invente les *parallèles*. — Capitulation de cette ville. — Siège de Trèves. — Coalition contre Louis xiv. — Vauban visite les côtes et les frontières. — Il dirige les principaux sièges dans la campagne de Franche-Comté. — Il soutient le siège d'Oudenarde. — Il est nommé brigadier des armes, puis maréchal-de-camp. — Danger qu'il court à la Bassée. — Instructions données par Vauban pour la défense de plusieurs places. — Belle conduite de Vauban à l'égard de Cohorn. — Projets de Vauban pour fortifier la frontière du Nord. — Il conduit les sièges de Condé, Bouchain et Aire. — Il est blessé devant Aire. — Siège de Valenciennes. — Prise de cette ville. — Siège de Cambrai. — Attaque d'une demi-lune, malgré l'avis de Vauban. — Les Français sont repoussés. — Vauban s'en empare. — Attaque de la citadelle. — Le roi ne veut accorder aucun quartier à la garnison. — Vauban l'en détourne. — Prise de Saint-Omer par le duc d'Orléans. — Le roi visite les places conquises, et ordonne à Vauban les travaux nécessaires. — Siège de Saint-Guislain. — Sollicitude du roi pour Vauban. — Siège d'Ypres. — Conseil de Vauban à Louis xiv. — Paix de Nimègue. — Mort d'un neveu de Vauban.

La guerre de 1672 vint arracher Vauban à ses travaux, pour l'entraîner sur un théâtre où il allait courir de nouveaux dangers et acquérir une nouvelle gloire. Nous n'avons pas à nous occuper ici des causes de cette guerre, que nous avons examinées en détail dans un autre ouvrage [1]. Il nous suffira de dire que les Hollandais, ayant formé une ligue contre Louis XIV, ce monarque envahit presque tout leur territoire avec une grande rapidité; il commandait son armée en personne, et avait sous ses ordres Turenne, Condé, Luxembourg et Vauban, dont le nom peut désormais s'associer à ces noms illustres. L'âge et les infirmités du chevalier de Clerville ne lui permirent point de faire cette expédition.

Dans cette campagne, l'armée française trouva peu de résistances; presque toutes les places, à l'exception de Maëstricht, se rendirent, pour ainsi dire, sans coup férir; Vauban n'eut pas beaucoup à faire pour les sièges, mais il fut chargé de raser ou de fortifier les places conquises.

Pendant que ces travaux l'occupaient, la campagne de 1673 s'ouvrit par le siège important de Maëstricht. Le roi lui-même commandait l'armée. Après avoir investi la place, il consulta les officiers généraux et les ingénieurs sur le plan d'attaque. Les avis furent d'abord partagés; mais le projet de Vauban prévalut, et il fut chargé seul de la direction des travaux sous les ordres immédiats du roi. Jusqu'alors les officiers généraux, de jour à la tranchée, changeaient à leur gré la conduite des attaques; le roi réforma cet abus, détermina les fonctions de chaque officier supérieur, les chargea de commander les troupes, de protéger

---

[1] Voir notre histoire de Louis XIV, publiée par M. L. Lefort, libraire à Lille.

les travailleurs, de repousser les sorties; mais tout le travail devait être dirigé par une seule tête. Quelques-uns des chefs, au nombre desquels était le frère même du roi, n'auraient peut-être suivi qu'avec répugnance les plans et les idées d'un homme qui leur était si inférieur en rang et en qualité; mais comme ces plans et ces idées étaient devenus les plans et les idées du roi lui-même, qu'il en suivait tous les détails, que tous les ordres pour leur exécution émanaient directement de lui, on obéissait avec cet empressement, avec ce zèle qui garantissait le succès d'une entreprise sagement conçue et conduite avec habileté.

Vauban, libre d'agir, donna carrière à son génie, et apporta au système de l'attaque des places, des innovations et des perfectionnements qui ont rendu le siège de Maëstricht remarquable dans les fastes de l'art militaire. Jusqu'alors on ne faisait qu'une seule *parallèle*[1], et on y plaçait, sous le nom de batterie royale, une ou deux lignes de bouches à feu destinées à foudroyer la ville et les ouvrages. Il imagina plusieurs parallèles, élargit les tranchées, susbtitua aux attaques de vive force des moyens d'art meurtriers, et qui conduisaient pourtant plus sûrement et plus promptement au résultat, et cette méthode nouvelle a depuis été toujours suivie.

Ecoutons Louis XIV lui-même décrire ce nouveau système. « La façon dont la tranchée était conduite empêchait les assiégés de rien tenter; car on allait

---

[1] Voir au vocabulaire le mot TRANCHÉE.

vers la place quasi en bataille, avec de grandes lignes parallèles qui étaient larges et spacieuces; de sorte que, par le moyen des *banquettes* qu'il y avait, on pouvait aller aux ennemis avec un fort grand front. Le gouverneur et les officiers qui étaient dedans, n'avaient jamais rien vu de semblable, quoique Farjaux (c'était le nom du gouverneur) se fût trouvé en cinq ou six places assiégées, mais où l'on avait été par des boyaux si étroits, qu'il n'était pas possible de tenir dedans à la moindre sortie [1]. » Farjaux ne tenta point d'en faire et ne vit aucun moyen d'y réussir. Avec l'ancienne méthode, une place comme Maëstricht aurait soutenu un siège de plusieurs mois, et aurait coûté une perte immense d'hommes aux assiégeants. Mais l'étonnement que causa aux assiégés cette nouvelle manière de les attaquer, l'audace de nos troupes, augmentée par la confiance que leur inspirait celui qui les dirigeait, abrégèrent le siège. Le treizième jour de tranchée, Maëstricht capitula (30 juin 1673). La garnison avait eu plus de deux mille hommes tués ou blessés, et l'armée française n'en avait eu que quinze cents; circonstance que l'on aura souvent occasion de remarquer dans les attaques dirigées par Vauban, où, contre l'ordinaire, la perte des assiégeants ne surpassait pas celle des assiégés, et lui était même inférieure. C'était là son but principal, la conservation des hommes. « Non-seulement l'intérêt de la guerre,

---

[1] Mémoires originaux de Louis XIV, écrits de sa main, 3 vol. in-folio ; manuscrits de la bibliothèque royale.

mais aussi son humanité naturelle les lui rendait chers. Il sacrifiait toujours l'éclat d'une conquête plus prompte, et une gloire assez capable de séduire; et, ce qui est encore plus difficile, quelquefois il résistait en leur faveur à l'impatience des généraux, et s'exposait aux redoutables discours du courtisan oisif. Aussi les soldats lui obéissaient-ils avec un entier dévouement, moins animés encore par l'extrême confiance qu'ils avaient en sa capacité, que par la certitude et la reconnaissance d'être ménagés autant qu'il était possible [1]. »

Après la prise de Maestricht, Vauban projeta les ouvrages qu'il fallait y construire pendant la guerre et à la paix, si cette place restait à la France. Ce projet vaste, mais sage, reçut la haute approbation du grand Condé, qui témoigna, dans une lettre à Louvois, toute l'admiration qu'il lui avait inspiré[2]. Pendant qu'il mûrissait ce plan, on eut besoin de lui pour prendre Trèves. Faisant marcher de front les méditations lentes du génie, et l'activité de l'exécution, il court sous les murs de cette ville, reconnaît les fortifications, trace le plan d'attaque, et sans attendre la reddition dont il avait déterminé l'époque, il va rejoindre le roi qui le demandait pour visiter avec lui les places de la Lorraine et de l'Alsace.

Cependant les succès éclatants de Louis excitèrent la jalousie des puissances voisines; l'empereur d'Al-

---

[1] Fontenelle, éloge de Vauban.

[2] Lettre de Condé à Louvois, du 13 août 1673. — Recueil des lettres pour servir à l'histoire de Louis xiv.

lemagne et le roi d'Espagne se réunirent aux Hollandais, et bientôt après ses alliés l'abandonnèrent (1674); il se trouva réduit à ses propres forces, et contraint sur plusieurs points de garder la défensive. Malgré l'infériorité de ses forces, ses armées, commandées par des hommes tels que Turenne et Condé, que secondait Vauban, conservèrent leur supériorité; jamais la valeur française ne brilla d'un plus vif éclat [1]. On fut obligé d'évacuer les places de Hollande; on ne conserva que Maëstricht, Maseick et Grave. Louis XIV, menacé de toutes parts, se hâta de veiller à la sûreté de ses frontières de terre et de mer. La Hollande armait deux flottes formidables; il fallut fortifier les ports de la côte et les mettre en état de repousser les attaques des escadres ennemies. Vauban fut envoyé à l'île de Ré, qui était le point le plus exposé; il se hâta d'en déterminer les ouvrages, dont il confia l'exécution à Raulet, ingénieur d'un grand mérite, visita La Fère et les places de Flandre, et courut en Franche-Comté que le roi venait d'envahir. Il fut chargé des principaux siéges de cette province, Besançon, Dôle et Gray. Dupuy-Vauban, , son neveu, qu'il aimait comme un fils,

---

[1] M. le marquis de Chambray, vie de Vauban.

[2] Antoine le Prestre, chevalier, comte de Vauban, connu sous le nom de Dupuy-Vauban, n'était que le cousin issu de germain du maréchal, ou son neveu à la mode de Bretagne. Dupuy-Vauban appartenait à la branche aînée, et c'est dans sa descendance, qui subsiste encore, que s'est conservé le nom de Vauban. La branche cadette s'est éteinte à la mort du maréchal, qui n'avait laissé que des filles.

fit à Besançon ses premières armes comme ingénieur et y reçut deux blessures.

Après la conquête de la Franche-Comté, Vauban se rendit en toute hâte en Flandre. Condé venait de battre les ennemis à Seneff. Ils se retirent et vont assiéger Oudenarde. Vauban se jette dans cette place, repousse toutes les attaques des assiégeants, fait une sortie, les attaque à son tour et les taille en pièces. Les troupes du prince d'Orange, rebutées par cet échec, n'avancent plus que pied à pied. L'étendue de l'inondation n'avait pas encore permis à l'ennemi de terminer la circonvallation de la place. Mesgrigny, à un signal dont il était convenu avec Vauban, lève les écluses de Tournay, et envoie de nouvelles eaux à Oudenarde. Cette nouvelle difficulté, et l'approche du prince de Condé, décidèrent le prince d'Orange à se retirer. A la faveur d'un brouillard, il déroba sa retraite, et quitta la Belgique. De toutes les places dans lesquelles Vauban s'est jeté, Oudenarde est la seule qui ait été attaquée. Ainsi lui, qui eut tant de fois à faire l'application de ses nouvelles théories sur l'attaque des places, ne trouva que cette seule occasion d'appliquer les principes qu'il avait émis pour leur défense.

Le 30 août de cette année, Vauban fut nommé brigadier des armées du roi; deux ans après (3 août 1676), il reçut le brevet de maréchal-de-camp.

Immédiatement après la levée du siège d'Oudenarde, Condé, pensant que les ennemis projetaient d'assiéger Bergues, y envoya Vauban, qui courut un grand danger en s'y rendant. Un parti ennemi l'attaqua dans La Bassée, tua ou prit une partie de son escorte, blessa son neveu, cassa le bras à un palefrenier qui lui menait un cheval de main, et fit prisonnier son secrétaire [1].

L'année suivante (1675), les chances de la guerre réduisirent à la défensive Condé et Luxembourg, jusqu'alors agresseurs et victorieux. Mais tandis que ces deux grands capitaines déployaient dans cette position plus de génie que dans l'attaque, couvraient toutes les frontières et paralysaient les efforts des ennemis, Vauban parcourait les places menacées, prêt à se jeter dans la plus importante. Pour défendre les autres, il donnait partout aux ingénieurs ses vues et ses avis, et semblait ainsi se multiplier lui-même. On a conservé les instructions écrites qu'il laissa à Latouche pour défendre le Quesnoy, et à Niquet, chargé de Verdun, que la défaite du maréchal de Créqui à Consarbrück et la prise de Trèves exposaient à un siège. Ces instructions sont pleines de maximes générales appliquées à ces deux forteresses, mais qui conviennent à toutes les places. Les dispositions, les moyens et les traits de vigueur ou d'adresse développés à Grave, à Oudenarde, et dans les autres défenses du temps, y sont réduits en préceptes. Sa prévoyance, dans le tableau des approvisionnements, embrasse jusqu'aux moindres besoins du soldat [2].

[1] M. le marquis de Chambray, vie de Vauban.

[2] Pour n'en donner qu'un exemple, il va jusqu'à déterminer la quantité de tabac à fumer qu'il faut donner par jour aux soldats. « Car, dit-il, le tabac est devenu maintenant d'un usage si fréquent, qu'il est presque une nécessité pour ceux qui prisent

Il veut même qu'on lui ménage pendant le service et dans tous ses postes, des tentes, des huttes, d'autres abris, etc. Il recommande de former des compagnies de grenadiers et d'ouvriers; d'enrégimenter les bourgeois, de les employer aux travaux et pour éteindre les incendies; de raser tout ce qui peut cacher l'ennemi aux vues de la place, mais de laisser les vignes comme une défense utile contre la cavalerie. Ne faire de sorties d'abord que pour attirer l'assiégeant sous le feu de la place, ne pas rester sous le sien; escarmoucher la nuit pour effrayer les travailleurs, et faire de jour les grands efforts; ménager la poudre; garder la grosse artillerie pour rompre les *logements* et disputer les passages des fossés : telles sont les principales mesures conseillées par Vauban. Mais il ne dissimule pas que si l'assiégeant imite les parallèles dont il a donné lui-même le premier exemple au siège de Maëstricht, la défense ne devienne plus difficile et d'un succès plus incertain. Il recommande alors de recourir à d'autres moyens, tels que les *fougasses,* les *mines,* etc. Contre les assauts il indique les armes longues, les faux emmanchées à revers, les mines, les projectiles de toute espèce, les artifices et de vastes bûchers allumés sur la brèche. Il combat l'opinion de quelques gouverneurs, qu'il fallait se rendre quand l'ennemi, sans avoir pris les dehors, avait ouvert le corps de place, et prouve qu'on peut continuer de se défendre; qu'il faut alors, si

ou qui fument; et c'est d'ailleurs un moyen de soulager l'ennui auquel sont souvent exposés les soldats dans une ville assiégée. »

le fossé est sec, le couper par de fortes traverses, retrancher et armer la brèche, y soutenir l'insulte, faire feu des dehors, prendre en flanc, par les dehors ou les fossés, l'ennemi qu'on repousse de front, et profiter de ses avantages pour le châtier de sa témérité [1].

Ce fut dans cette même campagne de 1675 que Vauban eut occasion de montrer toute la noblesse de ses sentiments, et combien il était exempt de jalousie. Cohorn, ingénieur distingué, attaché au service du prince d'Orange, et rival de Vauban dans l'art des sièges, vingt trouver Chamilli, alors gouverneur d'Oudenarde, et demanda du service à la France. Le motif de cette désertion était l'ingratitude du prince d'Orange, qui refusait à Cohorn un régiment qu'il lui avait promis pour récompense de ses services. Pour engager Chamilli à recevoir favorablement sa demande, il lui fit part d'une de ses inventions, dont on pourrait tirer le plus grand parti. Chamilli écrivit au ministre, et celui-ci consulta Vauban, qui n'hésita pas d'approuver la demande de Cohorn ; mais le prince d'Orange, instruit que son meilleur ingénieur lui échappait, fit arrêter sa femme et ses huit enfants, le força de rejoindre, et, pour le retenir, après la force, employa les bienfaits.

Pendant l'hiver, tandis que les troupes prenaient leurs quartiers et se reposaient des fatigues de la campagne, Vauban retourna à ses travaux. Louvois

---

[1] Manuscrits du dépôt des fortifications. — Histoire du corps du génie, par Allent.

avait formé le projet de fortifier Alost ; Vauban l'en détourna. Après avoir développé les motifs de son opinion, déduits de la grandeur et du site de cette ville, il s'éleva à des considérations plus générales, et démontra les inconvénients de ces places isolées au milieu des ennemis, toujours exposées, qui ne se protègent point, et dans lesquelles on est forcé de jeter un nombre considérable de troupes qu'on laisse ainsi dans l'inaction. Mais il conseilla de fortifier Cassel et de prendre Aire, Condé, Valenciennes et Cambrai. Toutes ces forteresses réunies successivement à la France, jointes aux autres places qu'elle possède déjà sur ce point, ne formeront plus, de la mer à la Meuse, qu'une barrière unique et continue. Liées entre elles par leur position, par les routes et par les eaux, de faibles garnisons les garderont pendant l'offensive, et vingt années de guerre ne les arracheront point à la France [1].

Ces idées devinrent la base du plan des campagnes suivantes. La guerre avait changé d'objet. On occupait quelques forteresses sur la Meuse et dans le cœur de la Belgique ; mais les succès n'avaient été ni assez constants, ni assez décisifs, pour conquérir tous les Pays-bas espagnols. Y prétendre eût été rendre la guerre interminable, s'exposer à toutes les chances de la fortune. Le roi renonça à ce dessein. Il se borna à celui d'arrondir ses états en Artois et dans la Flandre française, et d'y former, aux dépens des

---

[1] Lettre de Vauban à Louis XIV, du 14 octobre 1673, citée par Allent.

Espagnols, une frontière formidable, hérissée d'une triple ligne de forteresses, et, de la mer à l'Escaut, terminée par les places et les postes de Furnes, Ypres, Menin, Tournai et Condé [1].

On résolut d'abord les sièges de Condé, de Bouchain et d'Aire. Vauban les prépara. Les inondations rendaient la circonvallation de Condé immense et difficile à garder. La garnison de Valenciennes pouvait en même temps jeter, par eau, des secours dans la place assiégée. Vauban sut triompher de ce double inconvénient, en s'emparant de l'inondation, au moyen de galiotes et de batteries flottantes. Le succès répondit à ses vues. Condé se rendit après cinq jours de tranchée. Quelques jours après, Bouchain fut pris par le duc d'Orléans, frère du roi.

Louvois assista au siège d'Aire, dont la conduite fut confiée à Vauban. La présence du ministre leva les obstacles et multiplia les ressources. Vauban fut blessé dès les premiers moments du siège; il se fit panser à la hâte, et ne cessa pas de conduire les attaques. Après cinq jours de résistance, la place fut forcée de capituler.

Le roi poursuivit dans la campagne de 1677 l'exécution de son plan sur les places espagnoles. On commença par le siège de Valenciennes, commandé par le roi en personne. Vauban perfectionna sa nouvelle méthode d'attaquer les places. Après avoir cerné entièrement les fronts attaqués, et interdit à l'ennemi les sorties, au moyen des parallèles et des places

[1] Histoire du génie, par Allent.

d'armes, on décida d'attaquer un ouvrage à *couronne en terre*. On avait été jusqu'alors dans l'usage de choisir la nuit pour donner les assauts et pour faire des attaques de vive force; Vauban proposa d'exécuter celle-ci en plein jour. Les maréchaux de Luxembourg, de Schomberg, de Lorge, d'Humière et de la Feuillade [1], Louvois, le duc d'Orléans et le roi lui-même furent d'un avis contraire. Vauban insista, et développa ses motifs. « C'était, disait-il, le moyen d'éviter la confusion et les méprises, d'empêcher qu'une partie des assiégeants ne tirât sur l'autre, de surprendre l'ennemi, et de l'accabler en opposant des troupes fraîches à ses postes fatigués. La nuit, selon l'expression de Comines, n'a point de honte. Le grand jour et l'œil du maître contiennent les lâches, animent les faibles, élèvent les braves au-dessus d'eux-mêmes. » Le roi revint à l'opinion de Vauban, et l'attaque en plein jour fut résolue (17 mars 1677). Elle réussit au delà de ses espérances. On trouva en effet les ennemis harassés, endormis, ou rentrés dans la place pour y chercher des vivres. Non-seulement l'ouvrage fut enlevé, mais, en poursuivant les défenseurs, on pénétra dans la place, dont on s'empara. Depuis cette époque, les assauts se donnent ordinairement le jour, et il en résulte effectivement les avantages signalés par Vauban.

Valenciennes pris, on attaqua aussitôt Cambrai, dont le corps de place ne tint que neuf jours; mais

[1] Ces quatre derniers avaient remplacé Turenne, et c'étaient eux que Mme de Sévigné appelle plaisamment la monnaie de l'illustre maréchal.

la citadelle opposa plus de résistance, et le talent de Vauban pour l'attaque des places s'y manifesta avec encore plus d'éclat. A Valenciennes, on avait pris pour témérité ce qui n'était que prudence et connaissance du cœur humain ; le succès avait jeté dans la présomption, et l'on se trouvait porté à entreprendre de la même manière de nouvelles actions de vigueur. Dans cette disposition des esprits, du Metz proposa de donner l'assaut à une *demi-lune*; Vauban combattit cette opinion ; il représenta que les travaux n'étaient pas assez avancés pour que l'on pût tenter cette entreprise avec des chances suffisantes de succès : « Sire, dit-il au roi, qui était de l'avis de du Metz, vous y perdrez tel homme qui vaut mieux que la demi-lune. » Cette fois Louis n'écouta pas Vauban ; il fit donner l'assaut, et l'ouvrage fut enlevé ; mais on n'y communiquait qu'à découvert. L'ennemi développa tous ses feux sur l'ouvrage et ses avenues, déboucha ensuite, tailla en pièces et chassa les assaillants. Il fallut recommencer l'attaque. Vauban employa alors tous les procédés de l'art, s'empara de l'ouvrage, s'y maintint et ne perdit que cinq hommes. « Je vous croirai une autre fois, » dit Louis XIV à Vauban, et il tint parole.

Jusqu'alors on avait employé habituellement la mine pour faire brèche, et le canon par exception seulement ; Vauban, au contraire, employa habituellement le canon à cet usage, et n'y employa la mine que par exception. Il commença au siége de la citadelle de Cambrai à donner cet exemple. Quand la brèche fut praticable, et qu'on fut sur le point de donner l'assaut, le roi irrité de la longue résistance des assiégés, manifesta le dessein de ne faire aucun quartier à la garnison. Personne n'osait contredire l'avis du maître; Vauban seul ne craignit pas de combattre cette proposition, comme contraire aux lois et aux usages de la guerre. « Sans doute, ajouta-t-il, la place sera prise, mais elle coûtera plus de sang; pour moi, sire, j'aimerais mieux avoir conservé cent soldats à votre majesté, que d'en avoir ôté trois mille aux ennemis. » Ces mots rendirent le monarque à son caractère, naturellement généreux; les courtisans eux-mêmes honorèrent une franchise qu'aucun d'eux n'avait osé montrer, et la citadelle fut reçue à capituler.

Pendant ce temps, le duc d'Orléans assiégeait et prenait Saint-Omer. Louis XIV alla avec Vauban visiter cette place, ses fortifications et ses attaques. Il donna un coup-d'œil aux singularités de ses faubourgs, à la peuplade étrangère qui les habite, et qui conserve une langue, des mœurs et des usages particuliers; aux îles ou lagunes qu'elle cultive, vastes marais coupés d'étangs et de ruisseaux, et relevés avec leurs attérissements; et aux îles flottantes, espèce de feutrage naturel formé de joncs et de plantes, qu'un terreau léger rend fertiles, qui se couvrent d'arbres et de verdure, et sur lesquels on navigue au milieu des étangs [1]. De là le roi se rendit à Dunkerque,

[1] Le faubourg de Lizel, à Saint-Omer, occupe les bords et les îles de la petite Meldick; les habitants, presque tous jardiniers et d'origine flamande, ont conservé jusqu'à nos jours leurs mœurs, leur costume et leur langage. Au N. E. de Saint-Omer,

trouva achevé le canal de Bourbourg, les fortifications, la couronne de la basse-ville, et ordonna à Vauban les travaux du port.

Le maréchal d'Humières, chargé d'attaquer Saint-Guislan, demanda et obtint Vauban pour diriger les travaux de ce siège. Mais, sous un prince qui ne mettait pas dans la même balance le génie et les talents ordinaires, Vauban était estimé déjà ce qu'il valait, et sa conservation devenait une affaire d'état. Le ministre, dans ses instructions sur le siège, invite, au nom du roi, le maréchal d'Humières à ne pas souffrir que Vauban s'expose et conduise la tranchée; car s'il était ménager du sang des soldats, on savait qu'il était prodigue du sien. « Sa Majesté, lui dit-il, vous recommande fort sa conservation. » Plus bas il revient à la charge, prie le maréchal d'user même de son autorité pour empêcher Vauban de s'exposer, et prévenir tout accident : « Vous savez assez, ajoutait-il, le déplaisir que Sa Majesté en aurait. » Cette lettre honore Vauban, mais plus encore le monarque et son ministre [1]. D'Humières se conforma aux instructions de Louvois. Deux ingénieurs, le chevalier de Montguirault et Lappara, conduisirent les attaques sous les yeux de Vauban, et au moment où l'assaut était devenu praticable, la place se rendit.

Les armes de Louis XIV étaient partout victorieuses.

entre le faubourg de Lizel et le village de Clairmarais, se trouvent des marécages d'où l'on extrait beaucoup de tourbes ; ces marais sont connus par leurs îles flottantes, dont la plupart adhéraient au sol. Ces îles flottantes n'existent plus aujourd'hui.

[1] Allent.

Il profita de ces avantages pour porter le dernier coup à ses ennemis, et les contraindre à recevoir la paix qu'il avait dictée. Au printemps de l'année 1678, il s'empara de Gand et vint mettre le siège devant Ypres. Vauban, chargé de ce siège, s'y montra plus que jamais avare du sang des soldats. On voulait donner l'assaut, avant d'avoir *couronné* le *chemin couvert* [1] : « Vous y gagnerez un jour, dit Vauban au roi, et peut-être y perdrez mille hommes. » Cette fois, son avis prévalut ; le lendemain, le chemin couvert fut couronné, et la place se rendit.

Enfin, la lutte que soutenait la France depuis sept années se termina par les glorieux traités de paix de Nimègue. Le roi rendait aux ennemis Charleroi, Ath, Binche, Oudenarde, Courtrai, Gand, Lewe, Maëstricht et Limbourg ; il abandonnait aussi Philisbourg sur le Rhin, et Puycerda en Espagne ; mais il conservait Fribourg, Nanci, toute la Franche-Comté, Dinant sur la Meuse, et Saint-Guislain, à condition de le raser. Sur la frontière de Flandre, Ypres, Saint-Omer, Aire, Bouchain, Valenciennes, Condé, Cambrai ; et les postes intermédiaires ajoutés par les traités aux anciennes places de la France, unissaient ces places, qu'elles séparaient auparavant, et de tous côtés opposaient aux ennemis la triple barrière que demandait Vauban.

Pendant cette guerre, Vauban éprouva un chagrin cuisant ; il perdit un neveu de son nom, qui lui tenait lieu de fils, jeune ingénieur, âgé seulement de vingt-

---

[1] Voir le vocabulaire, au mot TRANCHÉE.

deux ans, auquel il avait servi de père et de mentor, et qui se montrait digne de marcher sur ses traces. La guerre l'avait épargné; il se noya dans l'Escaut, où il était allé se baigner. Vauban reporta ses affections sur son cousin Dupuis-Vauban, dont nous avons déjà eu occasion de parler [1].

[1] Marquis de Chambray, vie de Vauban. — Antoine le Prestre, chevalier, comte de Vauban, neveu à la mode de Bretagne (c'est-à-dire cousin issu de germain) du maréchal de Vauban, connu sous le nom de *Dupuy-Vauban;* lieutenant-général des armées du roi, grand'croix de l'ordre de Saint-Louis, gouverneur de Béthune, ingénieur général, naquit en 1654. D'abord lieutenant de cavalerie en 1672, il fit toute la campagne dans l'armée du maréchal de Turenne; nommé ingénieur en 1673, il marcha en cette qualité à la conquête de la Franche-Comté, fut blessé au siège de Besançon de deux coups de feu, servit dans tous les sièges dont Vauban son cousin eut la direction, l'accompagna dans la visite des places du royaume, fut blessé au siège de Courtrai, en 1683; fut fait brigadier le 3 mars 1693; se trouva à la bataille de Nerwinde et au siège de Charleroi, la même année; fut blessé au siège d'Ath en 1697; fait maréchal-de-camp en 1702, il servit à la défense de Keiserwert; eut le gouvernement de Béthune en 1704; fut nommé lieutenant-général le 26 octobre suivant; entra dans Lille en 1708, et contribua, comme commandant du génie, à la mémorable défense qui immortalisa le maréchal de Boufflers; enfin, en 1710, il soutint, dans Béthune, place médiocre, mal munie, avec une faible garnison, quarante-deux jours de tranchée ouverte, ce fut son principal titre de gloire. La postérité de Dupuy-Vauban, qui subsiste encore, a conservé ce nom si glorieux.

CHAPITRE IV.

Vauban est nommé commissaire-général des fortifications du royaume. — Difficultés qu'il fait pour accepter cette place; ses motifs. — Construction du port de Dunkerque. — Vauban visite les ports et les places du midi. — Construction des places fortes de la ligne du nord et de l'est. — Vauban retourne dans le midi; achève les forteresses des Pyrénées. — Visite des ports et des côtes de l'ouest. — Bienfaisance de Vauban envers les officiers sans fortune. — Ses voyages dans son pays natal et au château de Bazoches. — Louis XIV s'empare de Strasbourg. — Vauban est chargé de fortifier cette place. — Il répare Casal, d'après les plans de Catinat. — Coup-d'œil général sur les travaux de Vauban en 1681 et dans les années suivantes. — Guerre de 1683. — Vauban conduit les sièges de Courtrai et de Luxembourg. — Détails sur ce dernier siège. — Présence d'esprit de Vauban dans une reconnaissance. — Trêve de Ratisbonne. — Vauban est chargé de perfectionner les fortifications de Luxembourg. — Il construit Mont-Royal, Landau, le fort Louis, l'aqueduc de Maintenon. — Projet pour la défense des côtes. — Vauban visite le canal du Languedoc. — Mémoire qu'il adresse au ministre à ce sujet. — Analyse de ce mémoire.

LA paix de Nimègue était à peine signée, que déjà Louis XIV, fidèle au plan qu'il s'était tracé, avait donné des ordres pour reprendre, hâter et perfectionner les travaux entrepris dans toutes les places, construire de nouvelles forteresses, agrandir et fortifier ses ports, et enceindre ses vastes états d'une barrière continue, favorable à ses projets offensifs, et qui, dans les revers, fermât la France à tous ses ennemis.

Deux mois avant la paix de Nimègue, le chevalier de Clerville, commissaire général des fortifications, était mort, emportant les regrets et l'estime de tous ceux qui l'avaient connu : homme de courage et d'esprit, plein d'expérience et d'activité, il était regardé, sous le ministère Mazarin, comme le plus habile ingénieur de l'Europe; et peut-être eût-il conservé cette réputation après sa mort, s'il n'avait eu Vauban pour successeur.

Le roi qui, pendant la guerre, avait fait Vauban, comme nous l'avons dit, brigadier et maréchal-de-camp, avait en outre comblé, par des présents dignes de sa magnificence, l'intervalle qu'il voulait mettre entre ces grades et un grade plus élevé. Après la mort de Clerville, il lui donna la charge de commissaire général des fortifications. Vauban se défendit d'abord de l'accepter, craignant, dit Fontenelle, ce qui l'aurait fait désirer à tout autre, les grandes relations qu'elle lui donnerait avec les ministres. Le roi fut obligé d'interposer son autorité, et de lui prescrire de remplir comme un devoir cet emploi qu'il lui avait donné, comme un prix de ses talents et de ses services. Déjà, dans les dernières années de la guerre, il avait été chargé d'inspecter, sous Louvois et Colbert, toutes les places du nord de la France; son nouveau titre lui donnait la direction de tous les travaux des deux départements. Vauban, placé entre ces deux ministres ennemis et jaloux l'un de l'autre, sut par sa franchise, sa loyauté et l'autorité de son caractère, achever de conquérir l'estime de l'un et de l'autre ; il mit à profit cette estime qu'il leur inspirait pour coordonner leurs vues, et faire servir leur rivalité même à remplir ce que leur but avait de commun, la défense et la gloire de l'état [1].

Dès-lors, aucun des travaux importants de l'armée du génie ne s'exécuta plus que d'après ses plans, ses tracés sur les lieux mêmes, et que sous sa haute direction ; et jamais ils n'avaient été plus importants qu'ils le furent alors.

Après la prise d'Ypres, Vauban s'était rendu à Dunkerque, dont les fortifications étaient presque achevées ; mais le port restait à faire et à défendre. Il fit aussitôt commencer les jetées et le curement du bassin ; il prépara et assura les manœuvres d'eau ; dirigea lui-même les *chasses* destinées à creuser le *chenal*, et coupa le banc de sable qui en barrait l'entrée. Dans la joie de ce premier succès, Colbert et Seignelay, son fils, à qui il venait de céder la marine et les fortifications, le félicitent de ce que la France aura, grâce à son zèle, un port de plus : « Vous allez, lui écrivent-ils, augmenter la puissance du roi sur mer, autant que vous l'avez fait sur terre, en dirigeant tant de sièges et et en construisant tant de forteresses. » Leur attente ne fut pas trom-

---

[1] Histoire du corps du génie, par Allent.

péc; quelques mois après, des vaisseaux de 40 canons franchirent cette barre que les bateaux pécheurs avaient peine à traverser. Bientôt on en vit sortir et l'escadre du terrible Jean-Bart, si redoutable aux Anglais, et des nuées de corsaires, fléau de leur commerce, et ces galiotes à bombes inventées par Reneau, et qui servirent à Duquesne pour châtier Alger.

Vauban, après avoir, dans le nord, mis en activité tous les travaux des places et des ports, quitta cette frontière pour passer au midi (1679). Il reprit à Toulon les projets du chevalier de Clerville; y donna les plans pour l'agrandissement du port, pour un arsenal, pour une enceinte, et une darse nouvelle. De là il parcourt la côte, visite le port de Cette, arrive dans le Roussillon, établit à Perpignan le centre de la défense et de l'offensive de cette frontière, lie entre eux tous les postes de la chaîne des Pyrénées orientales, choisit une position d'où l'on puisse à la fois dominer toutes les vallées, et y construit Mont-Louis.

Cette forteresse achevée, il retourne au nord; et de la mer au Rhin, une foule de places neuves, de forts, de grands ouvrages s'élèvent, et, pour ainsi dire, sortent en même temps de sa tête et de ses mains [1].

A Dunkerque, il trace le fameux Risban; assied, prépare, presse tous les travaux maritimes, les jetées, les forts qui les terminent; le bassin, l'arrière-

---

[1] Allent.

port et les écluses qui devaient lier au port les canaux dont il est le débouché à la mer. Pendant ces travaux, Vauban va projeter à Calais des travaux analogues, et fonde, à côté de cette place, le fort de Neulay et ses écluses, destinées à écouler les eaux du pays et à former les inondations. Il va ensuite presser l'achèvement du fort Lakenoque, qu'il avait projeté pendant le siège d'Ypres, et qui était situé de manière à protéger la communication d'Ypres avec Menin, et à couvrir Cassel.

Cette première ligne était interrompue entre l'Escaut et la Meuse. Charlemont remis en état, et Maubeuge construit, achèvent ce système et sont liés à Philippeville, place insuffisante pour défendre cet intervalle. Enfin les places neuves de Longwy, Sarrelouis, Thionville, Bitche, Phalsbourg, Béfort, Lichtemberg, Haguenau, Schélestadt, ferment les Vosges, attachent l'Alsace à la France, et assurent la conquête de cette province. Huningue s'élève à côté de Bâle, vis-à-vis les débouchés de la Souabe, à la tête de l'Alsace; cette place, favorable à l'offensive, nécessaire à la défense, protège avec Landscroon la frontière du Rhin et celle du Jura. Fribourg, l'une des portes de l'Allemagne et la clef des montagnes noires, est rendue inexpugnable par de nouveaux forts construits sur les sommités qui dominent cette ville.

A peine ces grands travaux sont-ils entamés, que Vauban retourne au midi (1679), ajoute de nouveaux ouvrages à Besançon et à Pignerol, revoit les places de la Méditerranée et du Roussillon, parcourt les

Pyrénées occidentales, et rédige un plan de défense conforme à celui qu'il avait créé à l'orient de la chaine. Il fait de Bayonne sa place de dépôt; de Saint-Jean-pied-de-port, son point d'appui dans les montagnes; répare Navarreins et fait construire le fort d'Andaye pour battre l'embouchure de la Bidassoa. Dans tous ces projets militaires, il ne perd jamais de vue l'intérêt du commerce et des citoyens, qu'il tâche de concilier avec l'intérêt de la défense du royaume; c'est dans cette vue qu'il médita les moyens d'améliorer les ports de Bayonne et de Saint-Jean-de-Luz.

L'année suivante, il s'occupe des côtes; il donne le plan de la citadelle de Saint-Martin, dans l'île de Ré, de la place et du port de Brouage, des ports de Rochefort et de Brest, de leurs nouvelles enceintes et des forts destinés à protéger leurs rades.

Il semble que les occupations du service auraient dû absorber tout son temps; cependant il s'occupait d'économie politique, particulièrement des projets pour établir de nouvelles communications par un système de canaux; et des moyens de changer le mode de perception des impôts pour soulager la misère du peuple. Il était dévoré du besoin d'être utile; c'était chez lui une passion qui ne se refroidit jamais, et qui le possédait à un tel point, que pendant ses nombreux voyages, il ne manquait jamais de continuer les explorations dont nous avons déjà parlé, prenant des renseignements sur tous les pays qu'il traversait, sous le rapport de la population, du sol, de l'industrie, etc. Il se croyait débiteur, dit Fontenelle, de quiconque avait rendu service au public. On cite tel intendant qu'il ne connaissait point, et auquel il avait écrit pour le louer d'avoir créé un établissement utile, qu'il avait visité en traversant sa province.

Les nombreuses gratifications qu'il recevait du roi ne l'enrichirent point; car il était bienfaisant, et se rappelant ses débuts dans la carrière des armes; il saisissait avec empressement l'occasion de secourir les jeunes officiers, que le défaut de fortune tenait dans la gêne; c'était, disait-il, une manière de restituer ce qu'il recevait de trop des bienfaits du roi. Néanmoins, avec ses économies, ou avec la fortune de sa femme, il put affranchir le petit fief de Vauban, séquestré dès avant sa naissance, et acheter dans la commune de Bazoches, où il est situé, une propriété sur laquelle il fit bâtir un château simple, mais commode, qui prit le nom de Bazoches. C'était dans cette solitude qu'il aimait à se retirer, quand ses nombreux travaux lui laissaient quelques jours de relâche; mais on conçoit qu'il pouvait bien rarement l'habiter; l'homme public disparaissait alors pour ne laisser apercevoir que l'homme privé; bon époux, bon père, chrétien charitable, ami des malheureux, et cherchant tous les moyens de soulager les maux du peuple.

Pendant une de ces rares apparitions que Vauban faisait à Bazoches, lorsqu'il était déjà à la tête de l'arme du génie, il voulut revoir Saint-Léger-du-Foucheret, son pays natal, et s'y rendit avec quelques personnes. Il leur montra la modeste maison où il était né, s'entretint familièrement avec plusieurs compagnons de son enfance, rappela à une vieille femme qu'elle avait souvent partagé son *époigne* ¹ avec lui lorsqu'il était enfant, et lui donna une bourse pleine d'or. « Le souvenir de cette visite de Vauban, ajoute M. le marquis de Chambray, à qui nous empruntons cette anecdote, s'est conservé par tradition, jusqu'à ce jour, chez les habitants du village de Saint-Léger ². »

En 1681, Louvois demanda tout-à-coup Vauban à Colbert, qui l'occupait alors sur les côtes de l'Ouest. Il s'agissait d'une entreprise d'une grande importance; le roi avait résolu de s'emparer de Strasbourg, ville libre, qui, d'après les traités, devait rester neutre. Mais les magistrats favorisaient les Autrichiens, leur livraient passage, et sur ce point la ligne de défense était interrompue. Pour faire cesser un tel état de choses, le seul moyen était de s'emparer de cette ville et de la fortifier. La violation des traités en donna le droit ou du moins le prétexte. Louvois avait fait venir Vauban pour en faire le siège; mais le ministre eut l'adresse de se rendre maître de la ville par ruse, et Vauban, au lieu d'un siège, n'eut à travailler qu'à des fortifications. Bientôt le fort de Kel, les redoutes du Rhin, la citadelle, les nouveaux ouvrages et les inondations qu'il ménagea autour de la ville, firent de Strasbourg une

¹ Petite galette, d'une livre environ, que les femmes faisaient pour leurs enfants.

² Œuvres de M. le marquis de Chambray, t. 5. Mélanges, p. 35.

place imprenable, et la rendirent maîtresse du Rhin, de ses îles et de ses deux rives. Pour accélérer ces travaux et pour diminuer la dépense, il fit creuser le canal de la Brusche, destiné à conduire les matériaux pris dans les montagnes des Vosges, jusqu'aux portes de la ville.

De Strasbourg, Vauban se rendit à Casal. Cette forteresse était en mauvais état. Pour la réparer, Catinat avait fait un projet qu'il soumit à Vauban, son ami, son compagnon, et qu'il appelait son maître : « S'il entre, écrivait-il en lui envoyant ce projet, s'il entre du sens réprouvé dans mes plans, faites-moi une correction en maître, et par charité pour votre disciple supprimez tout ce papier barbouillé. » Le maître était aussi modeste que le disciple. Vauban adopta une partie des idées de Catinat, et la fortification de Casal fut l'ouvrage de ces deux hommes, qu'unissaient la conformité de leur âme et le sentiment réciproque de leur génie. Quel exemple et quels noms que ceux de Catinat et de Vauban !

Dans le reste de cette année, et dans les suivantes, le port d'Antibes, la citadelle de Belle-Ile, les jetées d'Honfleur et de Dieppe, la restauration des forts de Saint-Valery et d'Ambleteuse, et sur les frontières continentales, une foule de forts et d'ouvrages ajoutés aux anciennes places, fournirent à Vauban mille occasions de développer cet art qu'il possédait à un si haut degré, celui de saisir le terrain, et de trouver dans le sol même, et dans ses accidents, les plus belles propriétés de sa fortification. Jamais on ne vit un génie plus vaste et plus prompt, et tant de sagesse unie à tant de vivacité. Des travaux immenses, et qu'il est impossible ici d'énumérer, sont en activité sur toutes les frontières de terre et de mer du royaume; variés dans leur nature, dans leur forme, dans leur grandeur, comme le sol qu'ils occupent et les objets qu'ils doivent remplir. Là, des places neuves; ici des ports; plus loin, de vieilles forteresses, dont il faut augmenter la force et corriger les défauts. Ce sont des *anses*, des *passes*, des rivières, des canaux, des marais, des *cols*, des rochers, des défilés, qu'il faut tenir, défendre et faire servir à la défense. Le même homme conçoit tout, anime tout, est partout. Au bord de la mer, sur les fleuves, dans les marais, au sommet des montagnes, son coup-d'œil sûr et rapide embrasse le système de défense du territoire entier, saisit, démêle et fixe les rapports offensifs et défensifs du terrain, des eaux, des routes, des forteresses et des armées [1].

Cependant les entreprises de Louis XIV, l'occupation de Strasbourg, la réunion à la France des fiefs et terres démembrés des Trois-Evêchés et de l'Alsace, alarmèrent les puissances voisines de la France. La Hollande, l'empereur, l'Espagne, la Suède et les cercles les plus exposés de l'empire, firent une ligue qui fut signée le jour même de la prise de Strasbourg; mais ils n'osèrent encore agir, et se contentèrent de murmurer et de se plaindre. Enfin la guerre éclata

---

[1] Allent, histoire du corps du génie.

en 1683, et ce fut alors qu'on dut apprécier toute l'activité de Vauban, qui n'avait pas perdu un seul instant. Au premier bruit de cette guerre, tout est prêt sur tous les points; il n'est pas une issue pour l'ennemi, étonné de voir une enceinte fortifiée de toutes parts, et dont il ne lui est plus permis de s'approcher.

L'armée française, commandée par le maréchal d'Humières, entra en Belgique et investit Courtrai. Vauban conduisit le siège. Après deux jours de tranchée, la ville capitula, et deux jours après, la citadelle en fit autant. Dixmude se rendit quelques jours après, presque sans résistance.

L'année suivante (1684) fut remarquable par le siège de Luxembourg, où Vauban devait acquérir une nouvelle gloire. Cette place, dont le seul front accessible était taillé dans le rocher, avait été jusqu'alors réputée imprenable. Le maréchal de Créqui fut chargé de l'investir, et Louis XIV, ayant sous ses ordres le maréchal de Schomberg, couvrait le siège. On fit d'immenses préparatifs pour assurer le succès ; soixante ingénieurs, tirés de toutes les places, furent mis sous les ordres de Vauban, qui les divisa en quatre brigades, commandées par Choisi, Lappara, Lalande et Parisot, officiers distingués dans l'arme du génie. Une des plus importantes opérations était de bien reconnaître la place, pour savoir de quel côté il était possible de l'attaquer. Vauban ne voulut confier à personne une mission aussi difficile et aussi délicate. Chaque nuit il s'avançait lui-même jusqu'à la palissade, soutenu par des grenadiers couchés ventre à terre. A l'une de ces reconnaissances il fut découvert par les assiégés ; déjà les fusils s'abaissaient prêts à faire feu sur lui. Vauban remarqua ce mouvement, et, avec le plus grand calme, il fit signe de la main aux ennemis de ne pas tirer, et continua de s'avancer vers eux. Les ennemis, le prenant pour un des leurs, relevèrent leurs armes et le laissèrent continuer tranquillement son opération. Vauban atteignit ainsi les palissades du chemin couvert, l'examina, sonda le *glacis* à plusieurs endroits, et s'en revint lentement, sauvé par son sang-froid, sa présence d'esprit et l'excès même de sa témérité à laquelle l'ennemi ne put croire. Le résultat fut pour lui de connaître le point accessible, et il feignit de croire qu'il y en avait d'autres, afin de diviser et de lasser la garnison. Malgré cette ruse, il lui fallut pour prendre la place épuiser toutes les ressources de son art. C'est à ce siège qu'il inventa les *cavaliers de tranchée* [1], et qu'il porta sa nouvelle méthode d'attaquer les places à un point de perfection qui n'a pas été dépassé depuis, en ce qui concerne les travaux du génie proprement dits. Cette marche était plus industrieuse, plus lente, mais plus sûre et surtout moins ensanglantée, point de la plus haute importance pour Vauban, qui songeait avant tout à ménager le sang du soldat. Luxembourg se rendit après vingt-quatre jours seulement de tranchée ouverte, et l'on peut dire que jamais, en des attaques plus difficiles, Vauban n'avait déployé plus de prudence, d'industrie et d'activité.

[1] **Voir ces mots au vocabulaire.**

D'autres succès suivirent la prise de Luxembourg et forcèrent l'Espagne à signer à Ratisbonne (10 août 1684) une trêve de vingt ans, à laquelle accédèrent ses alliés.

Louis conservait, pendant la durée de cette trêve, Luxembourg, Strasbourg, et les divers pays qu'il avait réunis à ses états depuis les traités de Nimègue : cette époque fut celle de sa plus grande prospérité.

Aussitôt après la signature de la trêve, le roi résolut de perfectionner les fortifications de Luxembourg, dont il reconnaissait toute l'importance. Vauban, chargé de cette opération, s'en acquitta avec son talent ordinaire, c'est-à-dire qu'il sut créer une nouvelle défense, tellement appropriée à la nature et aux accidents de ce pays, qu'il est impossible à l'art d'atteindre plus loin.

Louis voulut ensuite avoir une forteresse qui le rendît maître du cours de la Moselle. Vauban visita les lieux, et détermina le site qui lui parut le plus convenable, et commença aussitôt la construction de cette place, qui reçut le nom de Mont-Royal. Cette forteresse fut élevée à gauche de la Moselle, sur l'isthme de la presqu'île élevée de Traben, et près de l'antique château de Traërbach ; situation admirable, qui tout à la fois donnait au roi le passage de la rivière, tenait plusieurs défilés, commandait au pays, et dans laquelle la place occupant un isthme de peu d'étendue, le reste de la presqu'île offrait un vaste camp retranché, défendu par le lit même de la Moselle, comme par un fossé escarpé et profond .

[1] Histoire du génie, par Allent.

Il manquait encore une place pour couvrir l'angle de l'Alsace et de la Sarre, et former les défilés des Vosges; Vauban créa Landau pour remplir ce double objet. En même temps il construisit, au milieu d'une île du Rhin, le fort Louis, qui, dans un site différent de Mont-Royal, avait une partie de ses propriétés. Les digues de l'île étaient disposées de manière à renfermer et à défendre un vaste camp retranché, dont la place formait le réduit, et dont le fleuve même était le fossé. Des *têtes-de-pont* unissaient, pendant la guerre, les deux rives à la place, livraient le passage du Rhin aux armées françaises, et leur permettaient de varier tour-à-tour leurs mouvements en Alsace et sur le territoire ennemi. Telles étaient enfin les propriétés de ce site heureux, mais bizarre, dont Vauban saisit les avantages et brava les difficultés; que la garnison pouvait sortir sur les deux rives, camper longtemps hors de la place, jouir de l'île entière, et s'y défendre sans trop s'affaiblir; tandis que l'ennemi n'y pouvait arriver que sur des ponts ou des chaussées, ni lier une circonvallation immense, qu'en jetant, au risque de les voir emporter dans les crues, une multitude de ponts difficiles à établir et à protéger, sur les bras larges et nombreux dans lesquels le Rhin se divise et semble se jouer entre Bâle et Philisbourg [1].

Bientôt d'autres projets appellent Vauban dans l'intérieur du royaume. Sa vie est une course; des travaux de toute espèce, militaires, maritimes ou civils,

---

[1] Allent, histoire du corps du génie.

réclament de tous côtés son génie et ses veilles. Louvois, qui venait de joindre la surintendance des bâtiments au porte-feuilles de la guerre, avait décidé le roi à faire entreprendre un canal de dérivation de l'Eure, pour amener à Versailles les eaux de cette rivière. Vauban fut chargé de diriger ces travaux, et trente mille hommes de troupes travaillèrent sous ses ordres à la construction du magnifique aquéduc de Maintenon, monument inutile d'une entreprise qui ne fut point achevée, tant elle était conçue sur des proportions colossales.

Dans ses tournées sur les côtes, Vauban projeta les forts des îles d'Houat et d'Hédic, proposa de joindre la Seudre et le Sauzon; et s'élevant bientôt à des considérations plus générales, il rédigea et transmit à Seignelai, qui avait remplacé son père Colbert, mort en 1683, un projet d'amélioration et de défense pour tous les ports, toutes les rades et toutes les côtes de France; projet vaste et qui ne pouvait être exécuté qu'avec le temps, mais qui, traçant la marche à tenir, signalant les points sur lesquels l'attention devait être toujours éveillée, était utile, même avant l'exécution, parce que, suivant les occasions et les besoins, on pourrait toujours le consulter avec fruit.

Aucun dessein utile ne lui échappait. Rien de ce qui pouvait servir les intérêts et la gloire de l'état, ou le bien de l'humanité, ne lui paraissait étranger à ses devoirs. Dans ses voyages, il distribuait aux gouverneurs et aux intendants une instruction et des formulaires imprimés, sur le dénombrement des provinces; il les invitait à les examiner, à remplir les tableaux, et à former ainsi une statistique de la France. Le ministre accueillit cette idée, et prescrivit des mesures analogues pour les colonies, et bientôt après Louis XIV les étendit à la France entière.

Vauban profita de la trêve de Ratisbonne pour aller visiter le canal du midi, œuvre immortelle de Riquet. Depuis plusieurs années, Vauban était attendu avec impatience dans le Languedoc pour cette visite, comme si ce grand ouvrage n'avait pu se compléter qu'après avoir reçu l'approbation et avoir été en quelque sorte placé sous le patronage d'un tel génie; mais les travaux de la guerre ou des frontières l'avaient détourné jusqu'alors. Ce canal parut à Vauban « le plus grand et le plus noble ouvrage de ce genre qu'on eût encore entrepris, et qui pouvait devenir la merveille de son siècle, s'il avait été poussé aussi loin qu'on l'aurait pu mener. L'utilité d'un travail de cette nature, ajoute-t-il, qui débouche par ses extrémités dans les deux mers, et qui traverse par de très-longs espaces les meilleurs pays du monde, est inconcevable, et son invention, aussi bien que celle de ses rigoles, qui vont chercher les eaux si loin et par des pays si difficiles, seront à jamais dignes de l'admiration des gens mêmes les plus éclairés en ces sortes d'ouvrages [1]. »

Après avoir décrit le canal, Vauban indique, dans une première partie de son mémoire, les réparations

---

[1] Mémoire sur le canal du Languedoc, contenant ses défauts et ses avantages, les moyens de corriger les uns et d'augmenter les autres. — Tome Ier des Oisivetés de Vauban.

dont il a besoin et les travaux qui restent à exécuter, pour achever ce magnifique ouvrage et le rendre durable à perpétuité. Dans une seconde partie, il traite des augmentations qu'il conviendrait de faire au canal, pour que tous les bâtiments de 90 pieds de long, 20 pieds de large, et qui tirent moins de 9 pieds d'eau, pussent passer et repasser d'une mer à l'autre, sans rompre charge. En 1691, Vauban agrandit encore son idée, et rédigea un mémoire étendu, dont nous allons indiquer les dispositions les plus intéressantes.

Après avoir présenté de nouveaux perfectionnements à ajouter au canal, il chercha les nouvelles branches de navigation qui peuvent s'y rattacher. Il parle de le prolonger de Toulouse à Moissac, et, s'il le faut, jusqu'à la Réole, par un canal latéral à la Garonne, afin d'éviter cette rivière, que le manque d'eau, dans certains mois de l'année, ou des crues subites dans d'autres, rendent difficile à la navigation. Du côté de la Méditerranée, Vauban examine les travaux à faire pour creuser, à travers les étangs qui bordent les côtes, deux canaux dirigés, l'un sur Arles, et d'Arles au Port-de-Bouc, en prenant les eaux de la Durance par le canal d'Adam de Crapone; l'autre sur Perpignan, et communiquant à la mer par deux nouveaux ports; le premier à Saint-Hippolyte, près de cette forteresse, et le second au cap de la Franqué. Outre ces prolongements principaux, Vauban recherche et présente tous les embranchements d'une moindre importance, que le canal peut avoir. Faire un port à Toulouse et un bras de communication à Carcassonne ; achever de rendre navigables ou propres à la flottaison toutes les rivières latérales, approfondir et défendre contre les sables les embouchures des rivières, les *graus* ou bouches des étangs, la rade de Brescou, et tous les points des côtes qui peuvent servir de refuge aux bâtiments de guerre ou de commerce : voilà quelles mesures devaient porter à sa perfection le canal des deux mers, tandis que la navigation tranquille de la Saône, celle du Doubs et de ses affluents, étendrait ce système de navigation jusqu'au pied du Jura et des Vosges, à travers les fertiles plaines de la Bourgogne et de la Franche-Comté.

Ainsi les Vosges, le Jura, les Alpes, les Cévennes et les Pyrénées, en un mot, ces vastes ceintures de montagnes qui forment les bassins du Rhône, de l'Hérault, de l'Orb, de l'Aude, des rivières du Roussillon et de la Garonne, verseraient dans le canal les produits de leurs belles forêts et des usines dont elles sont couvertes. A leurs pieds, les villes commerçantes et manufacturières, et les plaines les plus fécondes de la France, y porteraient les tributs de leurs richesses. Ces productions, consommées dans la route, alimentant les ports, les places de guerre, les ateliers des villes, échangées de province à province, ou contre les productions de l'étranger, porteraient partout la vie et l'abondance, appelleraient de tous côtés les arts et l'industrie, encourageraient le commerce, feraient fleurir l'agriculture, et à ces propriétés locales se joindraient des avantages d'un plus haut intérêt encore, le commerce des deux mers, passant de l'une à l'autre sans rompre charge ; la navigation des côtes, continuée au milieu des terres, et les transports militaires ou maritimes assurés, pendant la guerre, entre Besançon, Lyon, Perpignan, Bordeaux, les ports de l'Océan et ceux de la Méditerranée.

Vauban termine ce mémoire par ces paroles remarquables : « Voilà un abrégé de ce que j'ai pensé sur le canal de la communication des mers, que j'ai mis par écrit, plutôt pour en conserver l'idée à ceux qui viendront après moi, que pour aucune espérance que j'aie de le voir jamais exécuter. » Cependant la réalisation successive de ces vastes projets n'effraya pas Louis XIV. Ils ne furent achevés qu'en partie ; la guerre et les malheurs de l'état suspendirent l'exécution du reste, qui a été souvent reprise, abandonnée, et qui se poursuit encore de nos jours.

CHAPITRE V.

Ligue d'Augsbourg. — Louis XIV commence la guerre. — Siège de Philisbourg, conduit par Vauban sous les ordres du dauphin. — Vauban invente le *tir à ricochet*. — Prise de Philisbourg. — Lettre de Louis XIV à Vauban. — Lettre de Montausier au dauphin. — Vauban sollicite la formation d'un corps de sapeurs du génie. — Siège de Franckenthal et de Manheim. — Le dauphin fait présent à Vauban de quatre pièces de canon. — Guillaume d'Orange devient roi d'Angleterre. — Toute l'Europe est liguée contre la France. — Situation de la France.

La trêve de Ratisbonne, qui devait durer vingt ans, fut rompue à la quatrième année qui suivit sa conclusion. Guillaume, prince d'Orange, stathouder de Hollande, avait réveillé, sans beaucoup de peine, la jalousie des ennemis de Louis XIV, et leur avait fait signer la fameuse confédération, connue sous le nom de ligue d'Augsbourg. Les puissances qui étaient entrées dans cette ligue étaient la Hollande, l'empereur, le roi d'Espagne, le roi de Suède, le duc de Savoie, l'électeur de Bavière, les ducs de Brunswick et de Hanovre, et tous les petits princes du Rhin. Ce projet de confédération, formé, comme nous l'avons dit, à Augsbourg, reçut son exécution à Venise (1687), où, sous prétexte de prendre part aux plaisirs du carnaval, se réunirent les confédérés ou leurs envoyés, pour signer la ligue convenue. Ils se préparèrent dès-lors à la guerre, mais lentement, excepté la Hollande, qui pressait ses armements.

Louis XIV, instruit de toutes les menées de ses ennemis, se décida à les prévenir, et la guerre éclata de nouveau. Sous un rapport, Louis conservait la supériorité que lui donnaient des armées aguerries et longtemps victorieuses, composées de troupes qui suivaient des méthodes de guerre plus savantes que celles des troupes ennemies, et un corps incomparable d'ingénieurs formé dans les sièges mêmes, sous les yeux et par les soins de l'immortel Vauban; mais, d'un autre côté, des causes secrètes de destruction commençaient à miner ce colosse de grandeur et de puissance; les finances étaient épuisées par tant de travaux, de luxe, d'entreprises, d'expéditions; la population militaire était fort diminuée; le peuple, accablé d'impôts de toute nature, ne s'était pas encore relevé de l'affreuse disette de 1684.

On résolut de commencer la campagne par le siège de Philisbourg. Le roi voulut que ce siège servît à l'instruction de son fils. En conséquence, le Dauphin eut le commandement de l'armée, ayant sous lui le duc de Duras, Catinat, et Vauban récemment nommé lieutenant-général (24 août 1688). La place de Philisbourg, dont Vauban avait augmenté les fortifications en 1676, était extrêmement forte. Elle fut investie dans les premiers jours d'octobre 1688, et Vauban, secondé par quarante ingénieurs, fut chargé de la conduite des attaques. Indépendamment des difficultés du terrain, il fut contrarié par un temps pluvieux, et par l'ardeur des officiers et des troupes, qui pensaient que des actions de vigueur abrégeraient le siège; mais lui, convaincu qu'il ferait verser des flots de sang pour n'obtenir que des succès douteux, affligé, mais inébranlable, continua à procéder méthodiquement, consacrant ainsi par ses exemples cette maxime belle et vraie, qu'il inséra depuis dans son *Traité de l'attaque des places* : « que la précipitation dans les sièges ne hâte point la prise des places, la recule souvent, et ensanglante toujours la scène. »

Dix ingénieurs furent tués et quatorze blessés : c'étaient les plus capables. Vauban, contraint de les suppléer, même pour l'exécution des travaux de détail, s'exposait beaucoup. « Dieu nous le conserve, écrivait à Louvois un des généraux, car il n'y a que lui capable d'approcher une place comme celle-ci. » Ce fut à ce siège qu'il imagina une nouvelle manière d'employer l'artillerie. C'était le tir à ricochet, dans lequel le boulet lancé avec une charge plus faible, et sous un angle plus grand, fait une suite de bonds, comme la pierre qu'on jette en rasant la surface de l'eau, et va frapper plusieurs fois les objets qui se trouvent dans sa direction. Vauban plaça les batteries qui exécutaient ce tir sur le prolongement des *faces*; les boulets, décrivant une courbe plus élevée au-dessus du sol, franchissaient facilement le parapet, et par leurs bonds successifs causaient de grands ravages, en tuant les défenseurs et en brisant le matériel d'artillerie, derrière le rempart même destiné à leur servir d'abri.

Malgré l'ardeur des troupes, malgré la présence du Dauphin, malgré son aménité, ses libéralités aux travailleurs, le siège avançait lentement ; les difficultés semblaient s'accroître de jour en jour, mais la persévérance et le courage inébranlable de Vauban croissaient avec elles. Enfin, tout change de face : les batteries du siège prirent quelque ascendant sur celles de la place. Le ricochet, d'abord mal exécuté, fut perfectionné et produisit des effets terribles. Quelques ouvrages avancés furent emportés, et l'ennemi, qui pouvait encore tenir cinq ou six jours, demanda à capituler. La combinaison des attaques de Vauban, leur choix imprévu, les progrès d'abord si lents, puis devenus en un instant si rapides, avaient frappé l'assiégé, comme s'il eût tout-à-coup découvert une plaie secrète et mortelle où il se croyait invulnérable. Ce coup inattendu, la supériorité que l'artillerie du siège avait acquise, et malgré l'imperfection d'une première tentative, les effets effrayants et nouveaux du ricochet abattirent subitement le courage des ennemis; et cette défense, jusqu'alors vive et bien conduite, dépourvue tout-à-coup de vigueur et d'adresse, après un début glorieux, eut une fin sans honneur.

Ainsi se termina, après vingt-deux jours de tranchée, ce siège difficile, et qui fut, grace à Vauban, si peu sanglant pour l'armée. Malgré la longue supériorité de l'artillerie des assiégés, malgré les fatigues et les combats qu'elle avait eus à soutenir, l'armée française, forte de vingt-cinq mille hommes, n'avait perdu que six cents hommes tués et douze cents hors de combat. Louis XIV, sachant qu'un mot de sa main serait la récompense la plus flatteuse pour Vauban, lui témoigna sa satisfaction dans la lettre suivante : « Vous savez, il y a longtemps, ce que je pense de vous, et la confiance que j'ai en votre savoir et en votre affection. Croyez que je n'oublie pas les services que vous me rendez, et ce que vous avez fait à Philisbourg m'est fort agréable. Si vous êtes aussi content de mon fils qu'il l'est de vous, je vous crois fort bien ensemble, car il me paraît qu'il vous connaît et vous estime autant que moi. Je ne saurais finir sans vous recommander absolument de vous conserver pour le bien de mon service. »

Toute la cour partagea l'opinion du monarque et de son fils. L'austère Montausier, ancien gouverneur du Dauphin, lui écrivit cette lettre remarquable : MONSEIGNEUR, « je ne vous fais pas compliment sur la prise de Philisbourg ; vous aviez une bonne armée, une excellente artillerie, et Vauban. Je ne vous en fais pas non plus sur les preuves que vous avez données de bravoure et d'intrépidité, ce sont des vertus héréditaires dans votre maison ; mais je me réjouis avec vous de ce que vous êtes libéral, généreux, humain, faisant valoir les services d'autrui, et oubliant les vôtres : c'est sur quoi je vous fais mon compliment. »

Mais si, au siège difficile de Philisbourg, Vauban avait réussi à épargner le sang des soldats, il n'avait pu préserver les ingénieurs, dont plus de moitié furent tués ou blessés. « Ce sont, écrivait Vauban à Louvois, les martyrs de l'infanterie. » A cette occasion il reproduisit avec de plus vives instances le projet qu'il avait présenté, dès la paix d'Aix-la-Chapelle, de former un corps de sapeurs, propre à guider les travailleurs dans la construction des *lignes* et des *tranchées*, et à faire les *sapes*, les *couronnements des glacis*, les passages des fossés, les *couronnements des brèches,* service qui demande beaucoup d'habitude et d'industrie. « Je suis las, écrivait-il au ministre, de tout faire au hasard, et d'avoir, à chaque nouveau siège, de nouveaux sapeurs à former. » Louvois refusa d'abord : Vauban insista, et le ministre se rendit ; mais, entraîné par les évènements, il différa et n'eut pas le temps d'ajouter cette institution à celles qu'il avait déjà créées.

Après Philisbourg, on assiégea Manheim et Franckenthal. La conduite de ces deux sièges, d'une importance secondaire, fut confiée à Lalande, officier distingué dans l'arme du génie. Un ordre exprès du roi défendit à Vauban de mettre le pied dans la tranchée, et d'exposer une vie qu'on estimait plus que l'une ou l'autre de ces places. Franckenthal se rendit aux premiers coups de canon ; Manheim résista quelques jours. On fit, à ce siège un nouvel essai du ricochet. Louvois ne montrait pas beaucoup de confiance dans ce nouvel emploi de l'artillerie ; voici ce que Vauban lui écrivit à ce sujet : « La batterie à ricochet de Philisbourg, que sans doute vous aurez traitée de visionnaire et de ridicule, a démonté six ou sept pièces de canon, fait déserter l'un des longs côtés de *l'ouvrage à corne*, et toute la face d'un des bastions opposés aux grandes attaques, si bien qu'on n'en tirait plus. Celle de Manheim, qui n'a servi qu'un jour, a démonté quatre à cinq pièces, en a fait abandonner six ou sept autres, qui tourmentaient notre batterie principale, et a persécuté les assiégés, qu'elle allait chercher dans des endroits où l'on ne voyait que le ciel. »

Après la prise de ces deux places, le dauphin, voulant reconnaître les services de Vauban d'une manière plus éclatante encore que par des éloges, et plus honorable que des gratifications pécuniaires, lui donna quatre pièces de canon, à choisir dans les arsenaux des places dont on venait de s'emparer, digne récompense de deux mille bouches à feu que son art avait aidé à conquérir. Vauban choisit d'abord quatre pièces de bataillon, de deux livres de balle; puis il les fit remplacer par de petits canons du poids de trois à quatre cents livres. Ces pièces portaient les armes du roi, celles de Vauban au-dessous [1], et une inscription indiquant qu'elles étaient une récompense de ses services. Il les envoya à son château de Bazoches, où elles sont restées jusqu'en 1778.

Tandis que Louis XIV se rendait maître du cours du Rhin, son ennemi le plus acharné, Guillaume, prince d'Orange, abordait en Angleterre, s'emparait de Londres, chassait du trône son beau-père, Jacques II, et se faisait couronner roi d'Angleterre sous le nom de Guillaume III. Cette révolution faisait, d'une

---

[1] Les armes de Vauban étaient *d'azur au chevron d'or, accompagné de trois trèfles de même, placés 2 et 1, et un croissant d'argent mis en chef.*

puissance alliée de la France, un ennemi formidable, en même temps que la Suède accédait à la ligue d'Augsbourg, et achevait ainsi l'armement de l'Europe entière contre Louis XIV.

Les alliés, surpris sur la fin de 1688, avaient rassemblé leurs armées, et au commencement de 1689, ils s'avancèrent vers le Rhin avec des forces bien supérieures à celles de la France. Il fallut abandonner tout le pays qu'on venait de conquérir, avec la même rapidité qu'on l'avait envahi. Mais en le quittant on ne voulut laisser à l'ennemi que des ruines, et mettre un désert entre la France et lui. On conserva Philisbourg, Mayence, Bonn et quelques petits postes moins importants. On fit sauter ou raser tous les autres. On mit le feu aux villes et aux villages, et un nouvel incendie dévora pour la seconde fois, sous ce règne, le riche et malheureux palatinat.

Cette campagne fut la première qui vit pâlir l'astre jusque-là si brillant de Louis XIV. Jamais, depuis le commencement de ce règne glorieux, la France n'avait éprouvé les embarras, ni couru les dangers où elle se trouvait jetée. Le duc de Savoie venait encore de se déclarer contre elle ; elle avait l'Europe entière à combattre ; point d'alliés, nulle diversion, ses conquêtes perdues, des armées affaiblies, et qu'on ne pouvait recruter qu'avec une lenteur et des difficultés jusqu'alors inconnues, à cause du désordre des finances ; les coffres vides ; les ressources épuisées : telles sont les circonstances difficiles où se trouvait Louis XIV.

CHAPITRE VI.

Louis xiv se prépare à soutenir la guerre. — Ses succès dans la première campagne. — Siège et prise de Mons. — Vauban est chargé de fortifier cette place. — Le roi se résout à faire le siège de Namur. — Trait d'humanité des soldats français. — Vauban est chargé de conduire le siège de Namur. — Cohorn défend cette ville. — Prise de la ville. — Siège de la citadelle. — Difficultés qu'offre l'attaque de cette forteresse. — Détails des travaux d'approche et d'attaque. — Capitulation de Cohorn et du fort Guillaume. — Capitulation de la citadelle. — Traits de courage et de désintéressement racontés par Vauban. — Louis xiv admet Vauban à sa table. — Bataille de Steinkerque. — Usage des fusils à baïonnette, introduit par Vauban. — Vauban va en Dauphiné, pour mettre les places de cette province en état de défense. — Institution de l'ordre de Saint-Louis, dont l'idée est attribuée à Vauban. — Il est nommé grand'croix de cet ordre à sa création. — Siège de Charleroi. — Particularités sur ce siège. — Campagne de 1694. — Vauban est envoyé en Bretagne pour la défense des côtes. — Ses succès sur les Anglais. — Ses instructions pour diminuer dans les ports les ravages des bombes. — Campagne de 1695. — Le prince d'Orange reprend Namur. — Comparaison de ce siège avec celui dirigé par Vauban. — Parallèle entre Vauban et Cohorn. — Analyse d'un mémoire de Vauban sur les sièges que l'ennemi pourrait entreprendre, et sur l'importance des camps retranchés. — Paix avec le duc de Savoie. — Siège d'Ath, l'un des plus remarquables de Vauban. — Paix de Riswick. — Indignation qu'elle excite. — Lettre de Vauban à Racine à cette occasion.

Cependant Louis xiv se préparait à soutenir avec énergie une guerre devenue générale et dangereuse pour la France. On eut recours à des mesures extraordinaires pour rétablir un peu les finances ; on altéra les monnaies ; on créa des rentes ou des charges vénales ; on contraignit les particuliers de porter aux hôtels des monnaies leur vaisselle d'or et d'argent, et le roi lui-même donna l'exemple : ressources faibles, souvent pernicieuses, mais qui suffirent aux premiers besoins. On fit de nouvelles levées. Quatre armées furent opposées aux ennemis, en Flandre, en Allemagne, en Italie, en Roussillon ; de nouveaux secours furent même envoyés à Jacques II, qui, l'année précédente, avait envahi l'Irlande avec une petite armée, composée en grande partie de troupes françaises. Les armes du roi eurent presque partout l'avantage. En Allemagne et en Catalogne, l'ennemi fut contenu et l'on vécut à ses dépens. Les succès furent plus marqués en Italie et en Flandre. Catinat défit le duc de Savoie à Staffarde, et s'empara de Suze ; Luxembourg battit le prince de Waldeck à Fleurus, tandis que Vauban couvrait les places de la Flandre maritime, prêt à se jeter dans celle qu'attaquerait l'ennemi. Enfin le maréchal de Tourville vainquit la flotte anglaise dans la Manche, et le comte d'Estrées fit une incursion sur les côtes d'Angleterre ; mais la perte de la bataille de la Boyne, par Jacques II, détruisit les heureux effets que devait produire cette diversion en sa faveur. Deux fois chassé de ses états par son gendre, Jacques revint en France jouir de l'hospitalité que lui avait si noblement accordée Louis XIV.

La victoire de Fleurus décida Louis à entreprendre le siège de Mons, place fameuse par la belle défense de Louis de Nassau et du brave Lanoue (1572). Depuis cette époque, cette place avait été mieux fortifiée ; elle était environnée d'eaux et de marais, et n'offrait d'accès que par un petit nombre de points, qu'on avait respectés dans toutes les guerres précédentes. Aussitôt que l'armée destinée à ce siège fut arrivée à sa destination, Louis XIV s'y rendit avec Louvois, Luxembourg et Vauban, qui relevait à peine d'une maladie aiguë et dangereuse, contractée en achevant de fortifier Ypres [1]. Ce siège n'offrit rien d'extraordinaire ; on s'attendait à une vive défense ; elle fut courte et sans vigueur. Une artillerie formidable, une garnison nombreuse, et la milice des habitants pouvaient empêcher, ou du moins longtemps disputer les approches du seul point de la place qui fût abordable et sur lequel l'attaque était dirigée. Les assiégés ne profitèrent d'aucun de ces avantages ; ils laissèrent cheminer tranquillement les travaux des ingénieurs français ; ils abandonnèrent la *contrescarpe* sans la défendre, et se rendirent dès qu'il y eut une brèche au corps de place, quoiqu'un fossé large, profond et plein d'eau, en défendit encore l'approche (9 avril 1691). Après la prise de Mons, Vauban fortifia cette place, qu'il rendit formidable par une ceinture d'ouvrages placés dans les marais, inaccessibles et *prenant des revers* sur tous les points d'attaque. Ces travaux l'occupèrent le reste de la campagne.

[1] Cette maladie de Vauban à Ypres fut très-grave et fit même craindre la perte de ce grand homme. Il se disposa lui-même à la mort et reçut les derniers sacrements avec une grande piété.

Louvois mourut cette année, et fut remplacé par Barbezieux, son fils ; mais le roi détacha du ministère de la guerre l'administration des forteresses et du corps des ingénieurs. Il en fit un département particulier, qu'il confia à M. le Peletier de Souzi, avec le titre de directeur-général des fortifications. Vauban demeura commissaire-général.

Ce fut dans une de ses conférences avec Vauban que Louis résolut le siège de Namur, l'un des plus remarquables de son règne. Le roi investit la place (juin 1692), ayant Boufflers sous ses ordres, tandis que Luxembourg observait les ennemis. Le prince d'Orange, rassemblant toutes ses forces, s'approcha, mais n'osa rien entreprendre, et demeura spectateur tranquille des attaques.

Le commencement du siège fut remarquable par un trait qui peint le caractère du soldat français et celui de Louis XIV. Tandis que le roi reconnaissait la place avec Vauban, un trompette vint lui demander des passe-ports pour les dames de Namur. Louis XIV, usant du droit de la guerre, et peu jaloux d'ôter aux assiégés un embarras qui pouvait abréger la durée du siège, refusa cette demande, puis il continua à s'entretenir avec Vauban. Tout-à-coup il s'interrompit, à la vue d'un cortége bizarre et touchant qui s'avançait vers le camp. C'étaient les dames de Namur, accompagnées de leurs enfants, que des soldats français tenaient entre leurs bras ; d'autres soldats portaient le peu d'effets qu'elles avaient pris à la hâte ; quelques-uns aidaient celles qui étaient âgées ou malades à marcher sur un terrain pierreux et difficile. Effrayées de l'appareil et de l'approche du siège, et se confiant en l'humanité du roi, elles avaient pris la résolution de sortir, malgré la réponse apportée par le trompette. Quand elles s'étaient présentées aux premiers postes, les soldats, attirés par ce spectacle, avaient, par un mouvement spontané, offert leurs secours et pris dans leurs bras les enfants et les hardes. Ces femmes, touchées jusqu'aux larmes, s'avançaient incertaines de ce que le roi déciderait. Le monarque hésita, ou peut-être feignit l'hésitation ; ce mouvement remplit d'effroi ces malheureuses et fit surtout pâlir les mères. Le roi ne put se contraindre plus longtemps, et il les fit conduire, avec une escorte, jusqu'à l'abbaye de Valogne.

Vauban allait trouver à l'attaque de Namur un adversaire digne de lui. Cohorn, le Vauban des Hollandais, dirigeait la défense. Cette circonstance pouvait inspirer du courage aux assiégés, mais elle ne diminuait en rien la confiance des soldats français et du roi lui-même, qui n'y voyaient qu'une occasion pour Vauban et pour eux d'y acquérir plus de gloire.

Namur offrait deux places à réduire, la ville et le château[1]. On fit d'abord le siège de la ville, qui

---

[1] Le baron de Bressé voulait qu'on fît les deux sièges à la fois. Le célèbre Vauban, l'âme de tous les sièges que le roi a faits, emporta que la ville serait attaquée séparément du château. Ce Bressé était un excellent ingénieur, qui avait lui-même fortifié la place, et qu'un fort mécontentement avait fait quitter le service d'Espagne pour passer à celui de France. — Mémoires de Saint-Simon, tome I.

ne présenta que des difficultés ordinaires. Après sept jours d'une attaque conduite avec vigueur et promptitude, mais sans précipitation, et dans laquelle la plus grande peine de Vauban fut de contenir l'ardeur du soldat, la ville capitula. Restait le siège de la citadelle, mais qui semblait offrir d'insurmontables difficultés. Cette forteresse était située à la droite de la Sambre et à la gauche de la Meuse, sur le contrefort qui sépare leurs bassins. Un vieux donjon en occupait l'extrémité, et dominait le confluent des deux rivières. Il était enveloppé d'une seconde enceinte *flanquée* de tours. Ces enceintes s'élevaient sur des rochers escarpés. On ne pouvait songer à l'attaquer de ce côté, et d'ailleurs il aurait fallu élever des batteries derrière les remparts de la ville ; mais un article de la capitulation déclarait la neutralité de cette ville, et le roi y avait établi l'hôpital et les magasins de son armée. La citadelle ne pouvait donc être attaquée que par les hauteurs entre Sambre et Meuse ; mais, de ce côté, la double enceinte dont nous venons de parler était précédée de deux ouvrages à *corne*, et d'une espèce de couronne irrégulière, nommée par les Espagnols l'ouvrage de Terra-Nova. Ces fronts, appuyés de part et d'autre à des *escarpements*, formaient trois enceintes nouvelles. Ce côté de la forteresse offrait donc cinq lignes à franchir. Ce n'est pas tout ; devant cette quintuple enceinte, Cohorn venait de bâtir le fort Guillaume, au sommet d'une éminence entourée par une ravine, qui descendait dans la Sambre entre la *gorge* du fort et l'ouvrage de Terra-Nova. Cette ravine laissait, entre elle et la Meuse, un plateau sur lequel les assiégés avaient construit un retranchement, soutenu par une maison fortifiée, appelée la Cachotte. Ce retranchement et le fort Guillaume formaient donc une sixième ligne de fortification. Enfin les assiégés occupaient encore au delà une septième ligne, sans fortification, mais forte par sa nature. C'était ce qu'on nommait la montagne du Vieux-Mur, croupe étroite qui régnait de la Sambre à la Meuse, terminée à ses deux bouts par des escarpements et par des ravines, dont les pentes rapides, hérissées de buissons et de rochers nus, rendaient difficiles les approches de ce retranchement naturel. Ainsi c'étaient sept sièges qu'il fallait entreprendre. Vauban fit d'abord attaquer de vive force la montagne du Vieux-Mur; l'ennemi fut culbuté, et la tranchée fut aussitôt ouverte sur des rochers couverts d'un peu de terre, d'arbustes, de broussailles, de souches et de racines d'un bois dur et noueux. Dès que les parallèles furent formées, on attaqua de vive force le retranchement et la maison fortifiée, dite la Cachotte, défendus par une nombreuse garnison et protégés par les feux du château et du fort Guillaume. Après une action très-vive, le retranchement fut pris et gardé, et le siège du fort Guillaume commença.

Cohorn y commandait et avait pour garnison son propre régiment. Les deux armées attendaient avec une sorte d'impatience l'issue de cette lutte entre ces deux hommes déjà célèbres, dont l'un défendait son propre ouvrage, et l'autre sa réputation d'invincible preneur de places. Des batteries placées sur les deux rives de la Sambre, aussi bien que la neutralité de la ville l'avait permis, attaquèrent d'abord les murailles du fort Guillaume. « Tandis qu'on ouvrait de loin ces brèches, que le ricochet et les bombes tourmentaient l'intérieur des ouvrages, une nouvelle *place d'armes* embrassa le fort. On la vit, non sans quelque surprise, s'étendre à la fois sur le front et les deux flancs de cette forteresse, s'avancer à droite sur les rochers qui dominent la Meuse, et menacer la gauche du fort et de Terra-Nova; descendre en même temps les hauteurs qui dominent la Sambre, et cheminer dans les prairies basses qui bordent cette rivière, comme s'il se fût agi d'aborder les branches droites du fort et du château. Cette *parallèle* immense, demi-circulaire, d'une figure bizarre, qui, tantôt par des zigzags, tantôt par des détours et des sinuosités sans nombre, se pliait à la forme et à la nature du terrain, marchait, malgré des torrents de pluie, à des niveaux différents; d'un côté sur des rochers couverts de glaces; de l'autre, à travers des prairies marécageuses, en un mot dans un site où se trouvaient réunies les difficultés des sièges de Luxembourg et de Philisbourg. Tout-à-coup une double *sape* unit les extrémités opposées de cette parallèle, ferme le cercle, achève d'envelopper le fort Guillaume, le sépare du château, l'isole et le réduit à ses propres forces. Etourdi de ce coup imprévu, furieux et non pas vaincu, Cohorn essaya encore de défendre ce fort serré de toutes parts, ouvert par le canon, et d'où ses troupes commençaient à déserter. Mais les Français se précipitent dans les chemins couverts, renversent les ennemis dans leurs fossés, les poursuivent et ne s'arrêtent qu'au bruit réitéré de la *chamade*, à peine entendue au milieu du fracas de cet assaut. Cohorn livre avec douleur son ouvrage. Pensif, les yeux baissés et regardant sa défaite comme une insulte, il sortait avec le Rhingrave, compagnon de la défense, suivis tous deux de leurs principaux officiers. Vauban s'approche, les prévient et les invite à partager son logement et sa table. Le Rhingrave accepta ; mais Cohorn lève un instant les yeux sur Vauban, les détourne et s'éloigne [1]. »

Cependant le château restait toujours avec sa quintuple enceinte. Les pluies redoublaient, mais la prise du fort Guillaume donnait aux troupes de la gaieté et une nouvelle ardeur. Les transports devenaient chaque jour plus difficiles, sur des chemins faits la plupart pendant le siège, imparfaits, glissants et demi-rompus; les équipages de l'armée n'y suffisaient plus : le roi donna les siens : accompagné de son fils, des princes et de Vauban, il avait été présent à toutes les attaques, distribuant ses ordres, et décidant sur le terrain toutes les opérations. Placé à la gorge du fort Guillaume, il voulut diriger lui-même l'attaque du *chemin couvert* de Terra-Nova. Sa présence animant les troupes, officiers et soldats franchissent ou brisent les palissades, sautent dans le chemin couvert, du chemin couvert dans le fossé, et s'emparent des petits ouvrages qu'on y avait pratiqués. Les batteries éloignées avaient entamé l'*escarpe* ; le canon et la mine achèvent les brèches et en ouvrent de nouvelles. Mille

---

[1] Histoire du corps du génie, par Allent.

traits de courage signalèrent ces dernières attaques. Un simple soldat, chargé de reconnaître une des brèches, le fit en escarmouchant avec les ennemis : seul, de sang-froid, adroit, et plein de prudence en son audace, on le vit prendre ses avantages, ajuster ses coups, se laisser couler à mi-brèche, recharger en sûreté, remonter pour tirer encore, observer tout, et revenir ensuite au petit pas faire son rapport au roi qui voulut l'entendre et récompenser son courage Vauban, témoin de cette action, et digne appréciateur du courage, a rapporté ce trait dans son journal du siège de Namur, et a conservé le nom de ce brave ; c'était un parisien nommé Desfossé [1]. — Un autre, à qui Vauban voulait donner quelques louis, après une reconnaissance non moins périlleuse, les refusa : « Cela, disait-il, gâterait mon action. » Un troisième écoutait sur le haut de l'une des brèches, en attendant l'assaut qu'on préparait ; la sentinelle l'entendit. « Les ennemis sont là, s'écria-t-elle. » Oui, nous y sommes, dit le grenadier ; et, l'épée à la main, il saute dans l'ouvrage. Un ingénieur nommé Laferté le suit ; d'autres grenadiers accourent. Laferté les guide, chasse les assiégés, prend un de leurs officiers, le force à montrer les mines et les *évente*. Au bruit de cet assaut imprévu, officiers, ingénieurs, soldats, tous s'élancent sur cette brèche et sur les autres, la plupart imparfaites : on grimpe, on passe, on se coule par des trous et des crevasses où, de sang-froid, on n'eût osé s'en-

---

[1] Journal de ce qui s'est passé de plus considérable au siège de Namur, avec un plan, par Vauban. — Manuscrit du dépôt des fortifications.

gager : tout fuit devant ce torrent qui grossit de toutes parts : les vainqueurs se logent dans la Terra-Nova ; et l'ennemi effrayé de cette audace, accablé de ses pertes, harrassé de fatigue, resserré, dominé, plongé dans ses dernières enceintes, se hâte de livrer les défenses qui lui restent.

Telle fut la fin de ce siège mémorable, dont les phases principales se résument ainsi : le 25 mai 1692, investissement de la place ; le 29 mai, tranchée ouverte devant la ville ; le 5 juin, capitulation de la ville ; le 7 juin, attaque de vive force de la montagne du Vieux-Mur, en avant du château ; le 8, ouverture de la tranchée contre le retranchement de la Cachotte ; le 13, attaque de vive force et prise de ce retranchement ; le 14, ouverture de la tranchée contre le fort Guillaume ; le 22, capitulation du fort ; le 30, attaque et prise de Terra-Nova, capitulation du fort.

Ce siège avait coûté aux ennemis, de leur propre aveu, 5,000 hommes ; les Français n'avaient eu que 1,600 blessés et 1,100 morts ; ainsi leurs pertes étaient bien inférieures à celles des assiégés, malgré plusieurs attaques de vive force, faites à découvert contre des ennemis retranchés.

Supérieur à tous les obstacles, Vauban, devant Namur, sembla réunir toutes les forces de son âme et de son génie ; il eut à braver tout à la fois les difficultés du terrain, l'intempérie de la saison, les efforts d'un ennemi redoutable par son courage et par ses talents, et ce qui était peut-être plus difficile, les murmures des courtisans, et l'impatience des soldats ; mais il ne se laissa point ébranler, et, loin de rien précipiter, il usa de mille précautions pour modérer l'enthousiasme des troupes. Quant aux murmures des courtisans, il les méprisa, et Louis XIV se chargea de les faire taire, en lui donnant, pendant toute la durée du siège, les marques de la plus entière confiance; il l'admit même plusieurs fois à sa table, honneur qui n'était réservé qu'à la haute naissance, et que n'obtenaient pas même les anciens lieutenants-généraux, lorsqu'ils n'étaient que simples gentilshommes.

Guillaume III, qui n'avait pû défendre Namur, et qui semblait ne s'être présenté devant cette place que pour donner plus d'éclat à sa prise, voulut prendre une revanche. Il tomba tout-à-coup à Steinkerque sur l'armée de Luxembourg, au moment où le maréchal, retenu au lit par la maladie, ne s'attendait nullement à être attaqué. Luxembourg se hâta de ranger son armée; les princes français, les généraux, les officiers, les soldats, chacun fit son devoir d'une manière admirable. L'ennemi, qui croyait nous surprendre, fut repoussé, attaqué avec fureur et forcé d'abandonner le champ de bataille. Dans ce combat, les soldats français jetèrent les mousquets et les piques, dont ils étaient armés, pour se servir des fusils arrachés aux ennemis. C'est à compter de cette époque que les fusils devinrent l'arme d'un tiers de l'infanterie, et peu à peu celle de toutes les troupes. Vauban contribua beaucoup à cette espèce de révolution, et pour l'accélérer il imagina un fusil-mousquet dans lequel la mèche servait au défaut de la batterie. Il mit aussi la baïonnette en honneur, et l'adoption du fusil-baïonnette, propre à combattre de près et de loin, amena la suppression des corps de mousquetaires et de piquiers, devenus désormais inutiles, ou plutôt confondus dans le même fantassin armé du fusil-baïonnette.

A la fin de cette campagne, le duc de Savoie menaça le Dauphiné. Vauban y fut envoyé, et il fit les plans de tous les ouvrages nécessaires à la sûreté de cette frontière, ainsi qu'à celle du comté de Nice et du Piémont. Briançon fut amélioré, Fenestrelle fortifié, et la forteresse de Mont-Dauphin bâtie sur l'extrémité du contre-fort qui sépare les vallées de Queyras et de Briançon. Ces travaux ne furent pas terminés immédiatement; Catinat fit commencer sur-le-champ ceux que l'état de guerre et les moyens de l'armée permettaient d'entreprendre.

Ce fut à la suite de cette campagne, et avant de commencer celle de 1693, que Louis XIV institua l'ordre militaire de Saint-Louis : le premier, dit l'historiographe de cet ordre, qui ait été uniquement créé pour être la récompense et la marque de la valeur, des services et des talents militaires. C'est à Vauban que la tradition et les écrits du temps attribuent la première idée de cette institution. Depuis on en a fait honneur à d'Aguesseau, qui, selon d'autres, fut consulté seulement sur la dotation de cet ordre. Du reste, si cette idée n'est pas de Vauban, elle est digne de lui, et parfaitement dans son caractère; il connaissait l'esprit du Français, et il savait qu'il préférait un signe d'honneur à la fortune. On peut retrouver des idées analogues dans le mémoire qui nous est resté de lui sur la composition et la formation d'une excellente noblesse.

Quoiqu'il en soit, Vauban fut un des sept grand'-croix, nommés à la création de l'ordre de Saint-Louis[1]. Son neveu, Dupuy-Vauban, fut nommé l'année suivante l'un des vingt-quatre commandeurs.

Dans la campagne de 1693, Vauban fut chargé d'attaquer Charleroi. Le maréchal de Luxembourg, après avoir triomphé du prince d'Orange à Nerwinde, était revenu à Fleurus pour couvrir le siège de Charleroi. Toutes les fortifications de cette place étaient l'ouvrage de Vauban, et les ennemis les avaient entretenues avec soin. Ce siège fut surtout remarquable par le choix du *front d'attaque*. Ce front était précédé d'un étang qui régnait au pied même du *glacis* : la digue de retenue était couverte par une *lunette*, et soutenue par un ouvrage à *corne*, l'une et l'autre *contreminés* ; une *redoute* s'élevait au milieu de l'étang, et *croisait* ses feux avec ceux des *fronts* de la hauteur. Ces obstacles vaincus, il restait à s'établir sur le glacis, au risque d'être culbuté dans l'étang. Telles étaient les difficultés. On se récria sur le choix d'un tel front ; Vauban, selon les uns, se créait des obstacles, pour déployer toutes les ressources de son art ; d'autres trouvaient ce soupçon injurieux, contraire au caractère de Vauban, et contraire au dessein même qu'on lui prêtait, puisque le premier talent de l'ingénieur est de bien choisir le point d'attaque. Mais tous étaient convaincus que Vauban se

---

[1] Sur un des manuscrits de Vauban, conservés à la bibliothèque royale, on remarque ses armes appliquées sur la grand'-croix de Saint-Louis, dont on aperçoit les huit pointes et l'exergue : *Præmium virtutis honos*.

trompait cette fois. Lui seul voyait les inconvénients et les avantages, les obstacles et les ressources. Ce front était le plus faible de la place : sur les autres, il eût fallu forcer deux lignes de *dehors* et d'ouvrages extérieurs favorables aux sorties et aux retours offensifs. Ici point de dehors, point de contre-mines sous le glacis ; les ouvrages extérieurs moins nombreux, sans liaison, redoutables en apparence, et faibles en réalité. Ces ouvrages furent effectivement pris très-vite et presque sans perte. Une fausse attaque occupa les fronts de la hauteur. La redoute, située au milieu de l'étang, fut enveloppée de feux. Des bateaux pontés, préparés d'avance, lancés la nuit sur l'étang, et commandés par un capitaine de vaisseau, le célèbre M. de Pointis, ayant sous lui deux capitaines de galiotes, abordèrent cette redoute. Les troupes qui gardaient cet ouvrage se rendirent. Au bas de l'étang, après les *approches* nécessaires pour couvrir les troupes, on attaqua de vive force et on prit, par la gorge, la lunette et l'ouvrage à corne qui défendaient la digue. Maître ainsi des ailes de son attaque, Vauban les joignit par une parallèle tracée au bas du glacis Bientôt on put combattre de front et par les flancs, avec des feux et des forces supérieures, les ennemis qui, sur la pente rapide de leurs glacis, ne pouvaient déboucher, avancer, ni se retirer, sans être vus dans tous leurs rangs, des pieds à la tête. On était maître enfin d'opposer la force à la force, et de les écraser par le nombre, après les avoir éclaircis par le feu de tous les *logements* ; mais Vauban n'avait pas même permis ce coup de vigueur. Bientôt les batteries des premières places d'armes et des ailes de l'attaque eurent ouvert l'enceinte ; on vit les assiégés border la brèche, comme s'ils eussent craint l'assaut ; les troupes voulaient sauter du chemin couvert dans le fossé. Vauban les arrêta, fit *couronner* le chemin couvert, renverser la *contrescarpe* et *cheminer* dans le fossé jusqu'à la brèche. Les moins braves se récrièrent, et blâmaient une marche si timide. « Brûlons de la poudre, répondait Vauban, et versons moins de sang. » Sans écouter les murmures, il fait continuer le travail de ses mineurs pour prendre la brèche en-dessous. Elle était minée, comme l'avait prévu Vauban; l'explosion de cette mine pouvait coûter du monde, faire manquer l'assaut et rendre la brèche inaccessible. Quand l'assiégé vit sa ruse pénétrée, il capitula, et le siège s'acheva sans coup férir. Ce siège singulier fut un de ceux où Vauban déploya le plus de génie et de sagacité dans le choix, le plan et la conduite des attaques. On loua le plan et la conduite du siège ; mais on crut que dans le choix de l'attaque il avait manqué à sa sagesse accoutumée, comme s'il avait, en construisant cette place, fait un front d'attaque pour l'ennemi et un autre pour lui, et qu'il se fût imposé la condition de rendre ce dernier formidable à d'autres yeux que les siens.

La place capitula après vingt-sept jours de tranchée. La garnison, forte au commencement du siège, de 4500 hommes, était réduite à 1200 quand elle se rendit. Jamais siège ne coûta moins à l'assiégeant. Jamais aussi plus de précautions ne furent prises pour conserver les troupes. Le feu de la place fut peu meurtrier contre les tranchées, disposées et conduites avec le plus grand soin. A peine eut-on cinquante hommes tués ou blessés, à chacune des attaques de vive force. Mais ces attaques se firent en silence, à la baïonnette, arme nouvelle pour les Français, qui devaient en faire un si terrible usage ; ces attaques étaient conduites avec un ordre et une promptitude remarquables ; le peu d'assiégés qui ne fut pas pris ou tués, s'enfuit à la hâte, et tous les *logements* s'exécutèrent avec une extrême rapidité. Le succès de ces coups de vigueur fut l'effet des belles dispositions de Vauban, de son discernement à choisir l'instant favorable, à varier, selon l'ouvrage, les attaques de nuit et de jour ; à instruire les troupes, à leur expliquer lui-même, et par les ingénieurs, le but, les moyens, le danger, les obstacles, les facilités : de cette confiance enfin qu'il inspirait au soldat, et de cette opinion, établie par tant de sièges, qu'en suivant ce qu'il prescrivait, la victoire était sûre et serait peu sanglante [1].

Les armées du Rhin et d'Espagne avaient eu des succès peu importants ; celle d'Italie avait gagné la célèbre bataille de la Marsaille, où Catinat illustra le bâton de maréchal qu'il venait de recevoir.

L'année suivante (1694), on ne fit rien en Italie, en Allemagne ni en Flandre ; des victoires glorieuses, mais sanglantes et peu décisives, avaient affaibli les armées, et la misère du royaume, que désolaient à

---

[1] Histoire du génie, par Allent.

la fois les maux de la guerre et de la disette, ne permettait pas de nouvelles levées.

Les Anglais, qui commençaient à dominer sur mer, menaçaient nos côtes de leurs flottes redoutables. Vauban fut envoyé en Bretagne, afin de mettre en état de défense les ports et les côtes de cette province. Les Anglais firent une descente dans la baie de Camaret (18 juin 1694). Vauban les attaqua aussitôt; tout fut mis en pièces, pris ou submergé, soldats, chaloupes, équipages. L'ingénieur en chef de Brest, M. Travese, eut dans ce combat un bras emporté. Dieppe, le Hâvre, Dunkerque et Calais, furent bombardés. Dieppe seule en souffrit : cette ville, bâtie en bois, fut brûlée. Vauban, prévoyant que les Anglais seraient encore longtemps maîtres de la mer, et qu'ils renouvelleraient leurs tentatives contre les établissements maritimes de la France, dressa alors des instructions sur les moyens de diminuer dans les ports les ravages des boulets rouges et des bombes.

Vauban était encore en Bretagne pendant la campagne de 1695. Le maréchal de Luxembourg venait de mourir et avait été remplacé par Villeroi, courtisan plus adroit que général habile; du reste brave soldat, mais malheureux quand il fallait combattre. Le prince d'Orange investit Namur. Villeroi, qui n'avait pu s'opposer à sa marche, tenta de faire lever le siège; mais quand il arriva en vue de la place, les ennemis avaient eu le temps de rendre leurs lignes inattaquables, et Villeroi se retira. Il sembla que les rôles n'avaient fait que changer : comme Louis XIV, le prince d'Orange assiégea et prit Namur, à la vue d'une armée de secours; et comme le prince, Villeroi ne se montra devant cette place, que pour relever par sa présence la gloire de cette conquête.

Le prince d'Orange avait chargé Cohorn de diriger les travaux. Cette revanche lui était due pour l'affront qu'il avait essuyé trois ans auparavant; mais pour qu'elle fût complète, il aurait fallu qu'il eût Vauban pour adversaire. Il est vrai que son génie était en quelque sorte présent, par les travaux qu'il avait fait exécuter pour augmenter les fortifications de la place et du château; malheureusement, le temps n'avait pas permis de conduire ces travaux à leur perfection, et un grand nombre même n'étaient encore qu'à l'état de projet.

Nous n'entrerons pas dans les détails de ce siège; nous ferons seulement la comparaison de ses résultats avec ceux du siège de 1692. Namur avait coûté à Louis xiv trente-cinq jours de siège, depuis l'investissement de la place jusqu'à la capitulation du château; le prince d'Orange y consuma deux mois entiers. Dans le premier siège, la ville avait tenu sept jours, et le château vingt-deux jours de tranchée. Dans le second, la durée des travaux d'approche fut de vingt-trois jours devant la ville, et d'un mois devant le château. En 1692, les assiégeants eurent 2600 hommes tués ou blessés, et les assiégés près du double. En 1695 le rapport changea, les assiégeants perdirent au moins le double des assiégés; la garnison eut huit mille hommes, et les alliés de 18 à 20,000 hommes hors de combat. Les Français, contrariés par des pluies continuelles, n'avaient pu employer qu'une partie de leur artillerie ; les alliés, favorisés par la saison, amenèrent et manœuvrèrent sans peine une artillerie beaucoup plus formidable que celle qui servit au siège de 1692.

Ce parallèle des deux sièges occupa un instant les militaires et l'Europe. On vit, en des attaques si diverses, quel génie différent animait Vauban et Cohorn. Vauban, n'employant que l'artillerie nécessaire, n'usant de son influence que pour modérer l'ardeur des soldats, ne leur permettant de s'avancer que sous la protection de ses travaux, et les conduisant ainsi couverts jusqu'au pied de chaque ouvrage, avait mis son étude et sa gloire à les épargner, et l'avait fait sans ralentir le siège. Cohorn accumulant les bouches à feu, envoyant les troupes découvertes à des assauts éloignés, et sacrifiant tout au désir d'abréger le siège, d'effrayer et de surprendre les défenseurs, n'avait économisé ni les dépenses, ni les hommes, ni le temps même. Vauban avait cerné, resserré, coupé, morcelé les assiégés ; Cohorn ne s'était occupé que de les accabler. C'était la force substituée à l'industrie, ou plutôt l'industrie employée à multiplier les moyens de destruction. On jugea que le premier s'était conduit comme un chef habile et qui manœuvre ; le second comme un homme impétueux qui ne songe qu'à rompre et détruire l'ennemi. Dans les attaques de Cohorn, l'appareil des feux, l'audace et la combinaison des assauts éblouit les esprits : on admira, dans celles de Vauban, une méthode à la fois beaucoup plus sûre, plus rapide, moins sanglante, en un mot l'art de détruire soumis, et devant sa perfection à l'art de conserver [1].

Tandis que Namur capitulait, Vauban était à Brest, chargé de veiller sur les côtes et de conserver à la France son plus bel établissement maritime. Affligé de la perte de Namur, qui formait le nœud des frontières de la Meuse et de la Sambre; plus affligé de voir les ennemis supérieurs, et la France réduite à la défensive, Vauban rédigea pendant l'hiver un mémoire étendu sur les sièges que l'ennemi pouvait entreprendre, et sur les moyens de l'en empêcher. Il y indique les places qui sont véritablement exposées, et, parmi ces dernières, celles qu'il importe le plus de conserver. Aux manœuvres générales, il conseille d'ajouter l'utile usage des camps retranchés sous les places, et désigne celles qui, par leur site et leurs environs, peuvent, avec un travail médiocre, offrir sous leur canon une position inexpugnable. Les ennemis avaient, depuis le commencement de la guerre, donné l'exemple de ces positions prévues et fortifiées, qui ne changent rien à la défense particulière de la forteresse, mais dans lesquelles un corps d'armée, jeté à propos, rend l'investissement de la place immense, difficile, morcelé, faible sur tous les points, ôte à l'ennemi la pensée de faire le siège, permet de battre un de ses quartiers, l'oblige à rassembler des forces considérables, et remplit un de ces deux objets : de sauver une place importante et le pays qu'elle protège, ou d'attirer sur un point formidable tous les moyens de son adversaire. Le camp retranché

[1] Allent, histoire du corps du génie, pages 516 et 517.

de Liège avait empêché le siège de cette place, et diminué les effets du bombardement. Mais les généraux français avaient quelque répugnance à suivre cet exemple. On se faisait un point d'honneur de ne pas se retrancher. Il fallut que Louis XIV lui-même combattît ce préjugé. Luxembourg, par ses ordres, après la sanglante bataille de Steinkerque, prit la belle position de Courtrai, fit restaurer cette place, et commencer le camp retranché des dunes à Dunkerque. Mais on retomba bientôt dans l'habitude de mépriser l'ennemi vaincu. Le prince d'Orange continuait de fortifier des camps à Andrezel, sous Louvain et sous d'autres places, y réparait les suites de ses défaites, partageait le pays avec l'armée française, envoyait piller ses convois, et menaçait les frontières qu'elle protégeait. En Allemagne, le camp retranché d'Hailbron venait d'arrêter l'armée formidable du Dauphin. Cependant on négligeait d'imiter les ennemis, sur les points où l'on était réduit à la défensive. « Mais aussi nous faisons la guerre plus honorablement qu'eux, car nous ne nous retranchons pas, » disait Vauban, en combattant par le sarcasme un préjugé que la raison ne pouvait détruire. Enfin le temps et le malheur affaiblirent cette opinion, que l'habitude de la victoire avait établie. Dans la campagne de 1694, les camps retranchés de Courtrai et de Furnes sauvèrent la Flandre maritime; et en 1695, Catinat, fortifié à Diblon, montra qu'une armée réunie pouvait garder les Alpes. On eût conservé Namur, si le camp retranché de la montagne du Vieux-Mur, tracé par Vauban, avait été fini et défendu.

En 1696, Louis xiv fit la paix avec le duc de Savoie, et parvint ainsi à le détacher de la ligue d'Ausbourg. Le roi avait fait de grands sacrifices pour terminer cette guerre ruineuse d'Italie, et porter des coups décisifs en Flandre et en Espagne. En 1697, l'armée d'Italie se partagea et se réunit aux armées de Flandre et d'Espagne; on reprit l'offensive sur ces deux points, tandis qu'en Allemagne on continuait de se tenir sur la défensive. Les évènements les plus remarquables de cette campagne furent la prise de Barcelone par Vendôme, et le siège d'Ath, dirigé par Vauban, sous les ordres de Catinat. Nous allons parler de ce dernier fait d'armes, l'un des plus remarquables de Vauban.

Cette place était l'ouvrage de sa jeunesse. Il y avait ménagé des inondations que fournissaient les rivières de Dender et de Leuse. A l'aide des réservoirs formés par ces inondations, les assiégés pouvaient diriger des torrents artificiels dans les fossés de la place et contre les ponts mêmes de la circonvallation. Mais les assiégés avaient peu étudié les manœuvres d'eau, et les ressources qu'ils en pouvaient tirer. Ce fut un obstacle de moins à surmonter. Après avoir établi deux parallèles, Vauban arma la seconde de mortiers et de canons. Le canon ne tira qu'à ricochet. Depuis qu'il avait imaginé ce genre de tir devant Philisbourg, on en avait fait usage dans tous les sièges; mais jamais Vauban n'avait pu le perfectionner comme il le désirait, parce qu'il avait éprouvé de grandes difficultés de la part des artilleurs eux-mêmes, qui n'exécutaient ce tir qu'avec des murmures, et ce qu'on aura peine à croire, avec une sorte de répugnance à ne tirer de leur arme qu'un service lent et sourd, et des effets sans bruit. Cette fois Vauban, secondé par un général éclairé, ferme et son ami, assujettit enfin à une exécution suivie et régulière le tir à ricochet, et parvint à en tirer tout le parti possible. Les meilleurs officiers d'artillerie, étrangers au préjugé qui avait si longtemps nui à cette nouvelle invention, secondèrent devant Ath les efforts de Vauban, dirigèrent eux-mêmes le tir des batteries, et donnèrent l'exemple du zèle et de l'adresse. Les feux de canon et de mousqueterie de la place, devenus tout-à-coup rares, incertains, interrompus, annoncèrent que les batteries des remparts étaient en ruine et les défenseurs dispersés. Les mortiers achevèrent de chasser l'ennemi de ses *terre-pleins*. On ne tira point sur les édifices. Catinat, d'accord sur ce principe avec Vauban, préserva la ville d'un désastre inutile ; les habitants furent neutres ; une seule caserne brûla sur la courtine du front d'attaque. Les assiégés semblaient découragés.... Nulle sortie : des feux peu soutenus annonçaient des gens effrayés et sans vigueur. Tandis que Vauban, placé dans un cavalier de tranchée, examinait les travaux, une balle vint le frapper un peu au-dessous de l'épaule gauche ; heureusement un sac à terre avait amorti le coup ; il continua de diriger les travailleurs.

Quand tout fut prêt pour l'assaut, Catinat et Vauban allèrent reconnaître la brèche. Ils étaient au pied, quand un major des assiégés vint leur offrir de capituler, « tandis qu'un tambour craintif, dit l'histoire du siège, battait tout bas une chamade, au centre d'un bastion et bien loin du parapet où personne ne pouvait tenir. » On commençait la quatorzième nuit de tranchée. Jamais siège ne coûta moins. La dépense de l'artillerie fut de quarante mille livres; celle des ouvrages ne s'éleva pas à cinquante mille; et tous les travailleurs, sapeurs ou mineurs, reçurent un salaire qui croissait avec le danger. Cinquante soldats seulement furent tués, et cent cinquante blessés. Un seul ingénieur périt, sept autres reçurent des blessures assez graves. Celle de Vauban exigea quelqu'attention, mais elle n'était pas dangereuse. Aucun siège encore n'avait été fait avec tant de méthode et si peu de fracas. Dans aucun, la force n'avait eu moins de part, ni l'art davantage. Jamais on n'avait mieux évité les fautes ni mieux profité de celles de l'ennemi ; ce fut le triomphe de Vauban. On eût dit qu'il s'agissait, non d'attaquer une place, mais d'en faire le simulacre; ou de donner un grand exemple aux ingénieurs, et de soumettre à une expérience solennelle le nouvel art des sièges. Cet art fut dès-lors fixé, et n'a éprouvé depuis aucun changement important. Les ingénieurs citent encore le siège d'Ath, comme un modèle à étudier et à imiter.

Les sièges d'Ath et de Barcelone, l'expédition heureuse autant que hardie de l'escadre de M. de Pointis contre Carthagène, et quelques autres succès moins importants obtenus dans cette campagne, hâtèrent la conclusion de la paix et semblaient promettre qu'elle serait honorable. Cependant Louis XIV, qui avait dicté les conditions de la paix d'Aix-la-Chapelle, de Nimègue et de la trève de Ratisbonne fut obligé de subir les exigences des alliés au traité de Riswick. Un cri de surprise et presque d'indignation s'éleva, quand on apprit, qu'après avoir acheté la neutralité de la Savoie par la cession de Pignerol et de toutes les places conquises dans les Alpes, il fallait, pour avoir la paix, rendre toutes les places de la Catalogne; au nord, Ath, Courtrai, Charleroi, Dinant, Luxembourg; céder sur la rive droite du Rhin, Philisbourg, le fort de Kehl, Fribourg et Brisach; raser les têtes de pont d'Huningue et du Fort-Louis, détruire les ouvrages faits dans les îles du fleuve, vis-à-vis Brisach et Strasbourg; démolir la belle place de Mont-Royal, et faire sauter les fortifications ajoutées aux châteaux de Traerbach, de Kirn et de Hombourg.

Voici comment Vauban s'exprimait à ce sujet, avant la conclusion de ce traité, dans une lettre confidentielle adressée à Racine; elle porte la date du 3 septembre 1696.

« J'ai trouvé Paris rempli des bruits de paix *que les ministres étrangers y font courir*, à des conditions très-déshonorantes pour nous.... Je ne vous ai paru que trop outré là-dessus. Il vaut mieux se taire de peur d'en trop dire. Ce qu'il y a de certain, c'est que ceux qui ont donné de pareils conseils au roi ne servent pas mal ses ennemis.... Nous perdons avec ELLES (c'est-à-dire les places qu'il était question de céder), nous perdons pour jamais l'occasion de nous borner par le Rhin. Nous n'y reviendrons plus, et la France, après s'être ruinée et avoir consommé un million d'hommes pour s'élargir et se faire une frontière.... tombe tout d'un coup sans aucune nécessité; et tout ce qu'elle a fait depuis quarante ans ne servira qu'à fournir à ses ennemis de quoi achever de la perdre. Que dira-t-on de nous présentement? Quelle réputation aurons-nous dans les pays étrangers, et à quel mépris n'allons-nous pas être exposés? Est-on assez peu instruit dans les conseils du roi, pour ne pas savoir que les états se maintiennent plus par la réputation que par la force? Si nous la perdons une fois cette réputation, nous allons devenir l'objet du mépris de nos voisins, comme nous sommes celui de leur aversion. On va nous marcher sur le ventre, et nous n'oserons souffler. Voyez où nous en sommes. Je vous pose un fait qu'il n'y aura pas un petit prince dans l'Empire qui, d'ici en avant, ne se veuille mesurer avec le roi, qui, de son côté, peut s'attendre que la paix ne durera qu'autant de temps que ses ennemis en emploieront à se remettre en état, après qu'ils auront fait la paix avec le Turc. De la manière enfin qu'on nous promet la paix générale, je la tiens plus infâme que celle de Cateau-Cambrésis qui déshonora Henri II.... Si nous avions perdu cinq ou six batailles l'une sur l'autre, et une grande partie de notre pays; que l'état fût dans un péril évident à n'en pouvoir relever sans une paix, on y trouverait encore à redire en la faisant comme nous la voulons faire. »

Tant de concessions étaient sans doute humiliantes; mais Louis XIV avait des motifs pour ménager l'Espagne, dont la succession lui offrait, dans un avenir peu éloigné, un ample dédommagement aux sacrifices qu'il était obligé de faire actuellement; d'un autre côté, le royaume épuisé d'hommes et d'argent par la guerre et la disette, le désordre des finances, le poids des impôts, la misère des peuples, l'obligèrent à consentir à ces pénibles sacrifices, et lui persuadèrent que ce n'était pas payer trop cher une paix qu'il fallait acheter à quelque prix que ce fût.

CHAPITRE VII.

Nouveaux travaux de Vauban après la paix de Riswick. — Projets pour Charlemont et Givet. — Projets pour la navigation des rivières et canaux de la Flandre et de l'Artois. — Construction de Neuf-Brisack. — Projet pour la canalisation de l'Ill. — Projets pour les places de Franche-Comté et les autres frontières de l'est. — Étude sur le canal de Bourgogne. — Examen du projet de canal d'Aix à Marseille. — Travaux dans les ports de Provence. — Mémoire de Vauban sur la navigation de toutes les rivières de France qui en sont susceptibles. — Mémoire sur l'irrigation, les moyens de la pratiquer, et les avantages qui en peuvent résulter pour l'agriculture. — *La dixme royale.* — Analyse et extraits de cet ouvrage.

La paix de Riswick avait changé les frontières de la France. Vauban fut chargé de déterminer les travaux à faire pour compléter, d'après ses nouvelles limites, le système de sa défense et de son offensive. Il employa plusieurs années à parcourir toutes les frontières, liant à ses vues militaires une foule de projets ou de vues utiles au commerce, à l'agriculture, au soulagement des peuples, au développement des richesses de l'État.

Le traité de Riswick avait changé peu de chose à la frontière du nord, et Louis XIV, pour ne pas l'entamer, avait fait, sur les autres frontières, d'assez grands sacrifices. La gauche de cette frontière formidable était soutenue par le groupe des places de la Flandre et de l'Artois maritimes. Mais afin de rendre plus courte la première ligne de défense, **Vauban** proposa de rétablir Furnes, et de substituer au fort de la Kenoque, un poste plus capable d'une longue résistance. Il eut aussi l'idée de fortifier l'embouchure de la Deûle dans la Lys, pour lier, en ligne directe, les forteresses de Lille et d'Ypres. La droite de la frontière avait pour point d'appui les places de la Meuse. Mais Charlemont n'avait ni la capacité, ni la force qu'exigeait sa situation à l'angle des deux frontières. Vauban conçut le dessein d'y former une place de dépôt, dont Charlemont ne serait plus que la citadelle; d'attirer dans les deux Givets, les gens de métier utiles aux armées et pendant un siège; de fortifier ces deux villes, et d'occuper par des ouvrages les hauteurs qui les dominent. Cette place, ainsi agrandie, devait garder les passages de la Meuse, maîtriser sur les deux rives le pays ennemi, tenir en bride la garnison de Namur, renfermer les magasins des armées et fournir à leurs divers mouvements. Ce fut alors que Vauban traça la belle *couronne* d'Haurs, modèle de l'art avec lequel il pliait la fortification au terrain, remarquable surtout par la double propriété de n'exiger pour sa défense qu'une troupe peu considérable, et d'offrir un camp aux débris d'une armée [1].

---

[1] Allent, histoire du corps du génie.

Tout en s'occupant de perfectionner les places de la frontière du nord, Vauban chercha les moyens d'unir les systèmes isolés de navigation établis dans les bassins de l'Aa, de l'Yper et de l'Escaut, et d'ajouter à la force militaire du pays, en ajoutant à sa richesse. L'Aa, la Colme, l'Yper et les canaux qui joignent ces rivières, unissaient déjà Saint-Omer à Calais, Gravelines, Dunkerque, Bergues, Furnes et Ypres; la Lys et la Deûle liaient entre elles les places d'Aire, de Lille et de Menin; l'Escaut, la Scarpe et la Haisne établissaient une route navigable entre Arras, Douai, Valenciennes, Mons et Condé. Ces diverses communications se réunissaient à Gand, mais sur le territoire d'une puissance ennemie. Vauban proposa de faire cette jonction sur le territoire français. Dès la paix de Nimègue, il avait conçu cette idée. Louvois s'en était fait expliquer les propriétés; et les ingénieurs, d'après ses ordres, avaient levé et nivelé le pays, et jaugé jusqu'au moindre filet d'eau. Vauban projeta d'effectuer la jonction proposée entre Aire et Saint-Omer, d'unir la Lys à l'Aa, en profitant du Neuf-Fossé [1], et d'alimenter le *biez* de partage, en dérivant une partie des eaux de l'Aa, prises au hameau d'Halines, à deux lieues au-dessus de Saint-Omer. Il restait à joindre la Lys à l'Escaut, sans quitter le territoire français. Déjà les états de Flandre, sur les projets rédigés par les ingénieurs, pendant la paix de Nimègue, avaient fait exécuter, aux frais et pour l'avantage du pays, le canal de la Lys à la Scarpe, par la Deûle, et la dérivation,

[1] Ce canal existe depuis 1774.

dans la Scarpe, du Sanzet, affluent de l'Escaut. Ces deux canaux étaient achevés depuis 1690. Mais celui du Sanzet n'était pas navigable. Vauban projeta de le rendre tel, et de prolonger ainsi jusqu'à l'Escaut, la navigation parallèle à la frontière. Il avait aussi dessein d'unir plus directement la Lys à l'Escaut, par un canal de Lille à Tournai. Mais cette route exigeait de profondes excavations, et la disette d'eau faisait craindre qu'elle ne fût quelquefois interrompue. Malgré ces interruptions, toutefois elle offrait de grands avantages; et Vauban proposait de l'exécuter, quand les autres canaux seraient terminés. Cependant il n'y a point de traces de ce canal, qui parait n'avoir jamais été entrepris. Il voulait en même temps perfectionner la navigation des rivières, et les ports de Flandre et du Pas-de-Calais. Pour donner enfin à ce système de navigation toutes les propriétés qu'il pouvait réunir, Vauban désirait que tous les profils eussent des dimensions telles, que les petits bâtiments de mer pussent naviguer dans ces canaux, sans être forcés de rompre charge. Ainsi partirait, disait-il, des ports du Pas-de-Calais et de la Flandre maritime, une route d'eau continue, qui, par l'Aa, la Lys, la Deûle, la Scarpe, le Sanzet, l'Escaut et la Haine, remonterait jusqu'à Mons et Cambrai, et descendrait jusqu'à Gand, pour y joindre les canaux de navigation qui règnent le long des côtes. Ainsi Gand et Saint-Omer seraient le double nœud de ces communications, et la circulation des munitions et des denrées se ferait, dans une guerre offensive, le long des côtes ou dans l'intérieur de la Belgique, et refluerait à volonté d'une ligne sur la ligne opposée. Dans une guerre défensive, cette circulation s'étendrait sur toute la frontière de Mons à Dunkerque, sous la protection des places de guerre. Ces places, les rivières et les canaux formeraient une ou plusieurs lignes communes, utiles pour protéger le pays contre les partis, recueillir une armée battue, et faire sans danger des diversions et des marches forcées. Si l'ennemi menaçait les places de la première ligne, les eaux des canaux et des rivières, soutenues dans le biez, comme dans autant de réservoirs, pourraient être dirigées sur les places, y former au loin des inondations et des magasins d'eau pour les chasses des fossés, remplir les vallées, couper en deux le pays, et rendre les circonvallations presque impossibles. Enfin, toutes ces forteresses ne seraient plus qu'un magasin, qu'un arsenal unique, d'où les munitions pourraient arriver en peu de temps, à peu de frais et sans danger, sur un point déterminé, pour assiéger une place ou la ravitailler. A ces propriétés militaires se joignaient une foule de propriétés agricoles et commerciales. Trente-cinq villes, autant de bourgs et mille villages, d'un pays couvert de belles forêts, de riches cultures, de manufactures, de fabriques, d'exploitations et d'usines de toute espèce devaient échanger, par ces routes peu coûteuses, leurs utiles et nombreuses productions entre elles, contre les denrées de la Belgique et de la Hollande, et contre les marchandises que les étrangers apportaient dans les ports de Calais, de Gravelines et de Dunkerque.

Les frontières de la Meuse et de la Moselle avaient été affaiblies par les concessions et les démolitions stipulées par le traité de Riswick. Vauban proposa d'achever les forteresses commencées pendant la paix de Nimègue et la trêve de Ratisbonne, et d'exécuter ses anciens projets sur Verdun et sur les autres places qu'on avait négligées pour construire Mont-Royal et perfectionner Luxembourg. A Toul, il reconnut qu'il était possible de joindre la Meuse et la Moselle par un canal de deux lieues; d'unir ainsi les places situées dans les bassins des deux rivières; de faire refluer les munitions d'une ligne sur l'autre, et de conduire jusque sur la Meuse et le Rhin, les productions de la Lorraine et des Trois-Evêchés.

C'était surtout en Alsace que la perte de Philisbourg, de Kehl, de Fribourg et de Brisach, laissait des parties faibles et des lacunes dans la ligne de défense. La Lorraine rendue à ses ducs, princes dévoués à l'Autriche et généraux de ses armées, isolait de la France une partie de cette frontière, située comme une zone étroite, au milieu du territoire étranger. Landau, Phalsbourg, Béfort, places encore imparfaites, plus exposées maintenant, plus importantes, et tenant les communications de la France avec l'Alsace, avaient besoin d'être achevées promptement, et d'acquérir même une force nouvelle. Vauban y projeta de nouveau *dehors;* mais il importait surtout de remplir le vide que la perte de Brisach faisait entre Huningue et Strasbourg. Cette place, grande et fortifiée, donnait aux ennemis le passage du Rhin. La ville neuve et les ouvrages élevées dans les îles devaient être démolis. Il ne restait à la France que le Fort-Mortier, tête du pont de Brisach sur la rive gauche du fleuve. Mais ce poste ne suffisait pas pour protéger l'Alsace entre Huningue et Strasbourg. Vauban, qui d'abord avait eu la pensée de fortifier Colmar, préféra, après un long examen, de construire une place neuve assez près du Rhin, pour soutenir le Fort-Mortier, assez loin pour n'avoir rien à craindre du canon de Brisach ; et la construction de Neuf-Brisach fut résolue. Il y perfectionna le système des tours bastionnées qu'il avait appliqué à Béfort et à Landau. Deux canaux furent projetés ; le premier, pour dériver un petit bras du Rhin et faire tourner les moulins dans la place ; le second, pour y conduire à pied d'œuvre les pierres et les bois de construction exploités dans les Vosges. Le tracé de la place, situé dans une plaine découverte, fut entièrement symétrique ; mais cette régularité, dans le projet de Vauban, était rompue par les canaux, et par deux ouvrages destinés, l'un à lier la place au Fort-Mortier, l'autre à envelopper dans une espèce de ville basse, les écluses des canaux, les moulins, un bassin pour les bateaux, et divers établissements civils ou militaires.

Le nouveau Brisach et les additions proposées aux anciennes forteresses ne rendaient à l'Alsace qu'une partie de sa force première. Les rivières qui descendent des Vosges, forment des lignes transversales, utiles contre un ennemi qui s'avance entre le Rhin et les montagnes, mais qu'un passage du Rhin, fait en deçà des positions occupées, peut tourner et rendre inutiles. L'Ill seul offrait une ligne diagonale plus favorable à la défense, mais faible, mal soutenue, qui ne s'étendait que d'Altkirch à Strasbourg, et ne se rattachait pas aux places d'Huningue et de Neuf-Brisach. Vauban imagina de tracer un canal parallèle au Rhin, dirigé d'Huningue à Landau, par Neuf-Brisach et Strasbourg. Ce canal devait donner, entre le fleuve et les montagnes, une seconde ligne de défense, soutenue par les rivières qui descendent des Vosges, multiplier sur cette frontière les combinaisons de défense, et rendre les transports militaires et commerciaux indépendants des crues du fleuve, de ses débâcles, des péages étrangers, et, en temps de guerre, du feu des places et des postes ennemis. Le canal du Rhône au Rhin, entièrement terminé depuis quelques années seulement, remplace le projet de Vauban.

La frontière des Juras, protégée par les forteresses de la haute Alsace, séparée de la Lorraine par les Vosges, couverte par la Suisse et défendue par le Rhône contre les ducs de Savoie, était inaccessible, tant que les Suisses demeureraient neutres. Vauban recommandait de conserver à tout prix cette neutralité si importante, en prodiguant les égards et l'argent à ce peuple brave et respectable, mais pauvre et intéressé, et qui penchait alors pour la maison d'Autriche, comme la Hollande pour l'Espagne, tant l'effroi qu'inspirait encore Louis XIV prévalait dans l'esprit de ces républicains, sur la crainte de leurs anciens maîtres. Mais une longue suite de revers pouvait arracher un jour l'Alsace à la France, détacher la Suisse de ses intérêts, porter les forces de l'Autriche au cœur de la Lorraine, donner aux ducs de Savoie les passages helvétiques du Rhône et des Juras, et livrer de toutes parts aux attaques des ennemis la Franche-Comté, la Bresse et la Bourgogne. Vauban conseillait donc, en ménageant la Suisse, de ne pas négliger les places de la Saône, du Doubs, de l'Ain et du Rhône; de rendre navigables le Doubs, la Savoureuse et les autres affluents du Doubs, afin d'unir la frontière d'Alsace à celle des Juras, Béfort à Besançon, Besançon aux places et postes des montagnes, et de recueillir toutes les productions des Juras et des Vosges, pour les verser dans le Rhône et les ports de la Méditerranée [1].

Ces routes, aux yeux de Vauban, n'étaient que des embranchements de deux communications d'une plus haute importance, les canaux de Bourgogne et de Charolais, dont il avait étudié depuis longtemps les projets, et qu'il se proposait enfin d'examiner sur les lieux mêmes. L'utilité militaire de ces canaux, digne d'être remarquée, puisqu'ils pouvaient servir à transporter de l'intérieur de la France, et des ports même de l'Océan jusqu'aux pieds des Vosges, des Juras et des Alpes, les munitions, les vivres, les équipages, les recrues et les renforts mêmes d'une armée, n'était rien auprès de leurs propriétés agricoles et commerciales. Il s'agissait d'unir les bassins de la Seine et de la Loire au vaste bassin du Rhône,

[1] Le canal du Rhône au Rhin remplit également ici le but que s'était proposé Vauban, et de plus unit le bassin du Rhin à celui du Rhône, et par conséquent l'Océan à la Méditerranée.

uni déjà par les canaux des étangs et du Languedoc, au bassin de la Garonne. Ces canaux et celui de Sambre et Oise que proposait Mesgrigny, devaient donc établir une navigation non interrompue de Lyon à Bordeaux, à Nantes, au Hâvre, et par la Meuse, jusque dans les ports de la Hollande.

Les idées de ces deux canaux étaient fort anciennes. Dès le commencement du seizième siècle, on avait projeté et commencé le canal de Charolais. Il n'en était pas ainsi du canal de Bourgogne. Dès le temps de Henri IV, on avait commencé des études, mais on n'était pas d'accord sur la direction à suivre. Sous Colbert, on avait proposé de nouvelles directions. D'après ses ordres, un ingénieur nommé De la Cour, à qui Vauban avait déjà confié l'exécution du Canal de la Brusche, était allé sur les lieux mêmes, examiner un projet de joindre la Saône à la Seine, par l'Ouche et le point de partage de Sombernon. De la Cour avait rejeté ce point de partage, et proposé celui de Pouilly. Vauban, pendant la dernière guerre, avait recueilli ces divers plans. Retenu en Flandre ou sur les côtes, il envoya un ingénieur (1696) pour reconnaître et comparer entre eux les canaux de Charolais et de Bourgogne, et les nombreuses directions assignées à ce dernier. Libre enfin de se livrer lui-même à cet examen, il reconnut et développa les avantages et les inconvénients de tous les projets ; jugea le canal du Charolais plus facile ; mais ne dissimula pas l'avantage qu'avait le canal de Bourgogne, d'ouvrir une communication plus directe entre les bassins de la Saône et du Rhône. Sur ce qu'il publia de son mémoire, un des seigneurs de la cour, le comte de Roussi, demanda et obtint, en 1699, des lettres patentes pour l'exécution de ce canal; il n'a été toutefois terminé qu'au dix-neuvième siècle, et il n'y a qu'un petit nombre d'années qu'il est livré à la navigation dans tout son cours.

En Provence, on s'occupait d'un canal propre à multiplier ce grand système de navigation; c'était celui d'Aix à Marseille. Ce canal ouvrait un port riche et commode aux bâtiments qui naviguent sur le Rhône, unissait Lyon et Marseille, et cette ville à toutes celles où les rivières navigables et les canaux devaient aboutir. Vauban examina ce projet, et proposa de faire remonter cette navigation jusqu'à Sisteron, afin d'unir les ports de la Méditerranée aux places de la Durance.

Ce canal, utile pour la défense des Alpes, ajoutait toutefois peu de force à cette frontière, dont une invasion désastreuse, pendant la dernière guerre, avait montré la faiblesse, et qu'affaiblissaient encore les concessions, au prix desquelles on avait détaché le duc de Savoie de la ligue d'Augsbourg. Vauban insista sur la nécessité d'achever Mont-Dauphin et Fenestrelle, proposa d'ajouter à Briançon le fort des Têtes et la redoute des Salettes, de mieux fortifier Grenoble, et d'exécuter dans les autres places les projets qu'il avait rédigés après l'invasion de 1692.

La paix avait permis de reprendre les travaux des ports de Provence, du canal des étangs et du canal du Languedoc. Mais le canal de Narbonne et celui de Roussillon demeurèrent suspendus. La difficulté des emprunts et les impôts qui, pendant la guerre, avaient accablé la ville de Narbonne, le contraignirent de laisser imparfaite une entreprise si utile à sa propriété. Ce n'est que de nos jours que les projets de Vauban à cet égard ont pu être exécutés.

Du côté de l'Espagne, la France avait moins à craindre que sur aucune autre frontière. Charles II, dont la santé s'affaiblissait de jour en jour, était menacé d'une mort prochaine; il ne laissait point d'héritiers directs, et déjà les puissances de l'Europe se partageaient d'avance la monarchie espagnole. Vauban ne proposa donc que peu d'ouvrages dans les places des Pyrénées, et s'appliqua seulement à perfectionner les projets présentés par d'autres ingénieurs pour améliorer Port-Vendre, et l'entrée du port de Bayonne, seuls asiles des vaisseaux sur les côtes de Roussillon et de Biscaye.

Les bombardements essuyés dans les ports de l'Océan pendant la dernière guerre, avaient appris à combattre les effets des bombes et des boulets, grâce aux instructions données par Vauban; mais il importait de préserver d'un incendie les principaux établissements de marine. Vauban examina les moyens de les protéger par des ouvrages éloignés, ou par des camps retranchés. Partout il s'occupa de perfectionner les ouvrages hydrauliques, de construire des bassins, des jetées, des écluses de chasse et de dessèchement, et des forts destinés à battre tout à la fois les ports, les rades et les fronts les plus voisins du rivage. Partout, embrassant les relations des ports avec l'intérieur de la France, il cherchait à rendre navigables jusqu'aux moindres rivières que reçoit l'Océan.

Tels étaient les travaux immenses que Vauban projetait sur toutes les frontières. Les plus pressés furent entrepris. On commença Neuf-Brisach, on continua Mont-Dauphin. On fit aux forteresses les plus exposées les améliorations les plus nécessaires. Sur les côtes, on entreprit quelques travaux hydrauliques et plusieurs forts maritimes ; mais dans les places les ouvrages qu'on peut différer, et tous les canaux, furent remis à des temps plus heureux [1].

Ces canaux, que Vauban venait de projeter sur les frontières, n'étaient que des parties détachées d'un grand travail dont il rassemblait les matériaux. Son projet était de constater depuis quel point toutes les rivières de France pouvaient porter bateaux ou servir à la flottaison, et tous les canaux qu'on pouvait ouvrir sur le sol de la France. On trouve dans le tome IV de ses *Oisivetés*, un mémoire fort étendu à ce sujet. Nous en citerons le résumé qui suffira pour faire connaître les idées générales de Vauban sur cette matière.

Après avoir indiqué, en commençant par les frontières du nord, toutes les rivières principales et leurs affluents susceptibles d'être rendus navigables, « soit en prolongeant la navigation de celles qui le sont déjà, soit en rendant totalement navigables celles qui ne le sont point, ou en faisant de nouveaux canaux à travers les pays pour communiquer

---

[1] Allent, histoire du corps du génie.

la navigation des rivières les unes aux autres, » il ajoute : « Toutes ces rivières sont au nombre d'environ 190, tout compris, parmi lesquelles il s'en trouvera qui pourront devenir navigables pendant toute l'année, d'autres pour dix mois, d'autres pour huit, d'autres pour six et d'autres pour quatre ou cinq, et enfin d'autres pour trois ou quatre seulement ; ce qui ne laisserait pas d'être très-utile pour les pays où les navigations seront praticables. Il est bien sûr, que si elles pouvaient avoir lieu, le royaume augmenterait considérablement ses revenus, et le débit de ses denrées deviendrait tout autre qu'il n'est, notamment si on affranchissait la navigation [1]. On ne saurait donc disconvenir que cela ne fût bon et très-excellent, mais la question est de le mettre en exécution ; c'est la difficulté qu'on peut objecter, et qui effectivement en serait une, si on s'y prenait tout-à-coup, et que dès à présent on voulût tout embrasser. Il est bien sûr même qu'on n'en viendrait pas à bout, les peuples sont trop pauvres et le roi trop endetté. Mais si la *dîme royale* (dont nous parlerons tout-à-l'heure) pouvait avoir lieu, qu'elle

---

[1] Vauban, par une de ces grandes idées qui lui sont si ordinaires, avait demandé, au commencement de son mémoire, qu'une fois ces canaux achevés, ils fussent entièrement affranchis de tous *péages* et *impositions*, excepté pour ce qui serait absolument nécessaire à leur entretien et aux gages des éclusiers : « encore vaudrait-il mieux, ajoute-t-il, que la navigation fût totalement libre ; car la facilité du transport des denrées en augmenterait le débit, et par conséquent améliorerait toutes les propriétés voisines du canal : de là augmentation des revenus des particuliers, et par conséquent des revenus de l'état. »

fût une fois bien établie, les peuples soulagés et les dettes de l'état acquittées (chose qui arriverait dans peu), pour lors les pays se raccommoderaient, et ce qui paraît impossible deviendrait aisé. En s'y prenant peu à peu et avec ordre, pour peu que le roi s'y affectionnât et y mît du sien, on verrait bientôt la navigation des principales rivières s'accroître et se prolonger du côté des sources, et s'étendre après dans les principales branches, et de là passer dans les moindres, sitôt qu'on s'apercevrait des commodités que la navigation apporte, qui seraient un puissant motif pour exciter ceux qui seraient à portée de se les procurer. qui ne manqueraient pas en même temps d'en rechercher les moyens et d'entrer dans tout ce qui leur paraîtrait possible pour s'attirer ces avantages ; d'où s'en suivrait le plus grand bien qui pût jamais arriver à ce royaume, par le débit aisé de ses denrées, qui en procurerait un accroissement considérable, et par conséquent augmentation de biens et de commodités, et une très-grande facilité aux provinces de s'entre-secourir les unes les autres dans les chères années et dans les temps de guerre.»

Une grande partie des projets de Vauban ont été adoptés pour la navigation ou la canalisation de certaines rivières; quelques-uns sont en voie d'exécution, mais ne sont pas encore terminés ; d'autres ne le seront probablement jamais, soit que la réalisation présente trop de difficultés, soit que les nouvelles voies de communication qu'établiront les chemins de fer rendent inutile, sur certains points, la construction de nouveaux canaux.

Vauban n'effleurait jamais une idée ; la création de nouvelles voies navigables et l'amélioration des anciennes, devaient faciliter le transport des denrées et des productions des contrées traversées par les canaux et par les rivières ; mais pour utiliser ces nombreux moyens de transport, il fallait accroître les produits de la terre, et perfectionner l'agriculture ; Vauban trouva dans ses connaissances hydrauliques un puissant moyen d'arriver à ce but.

Après avoir indiqué les rivières qui pourraient être rendues navigables, les canaux qu'il serait important de creuser, les avantages que procureraient au commerce ces routes d'eau, destinées à sillonner le royaume en tout sens, Vauban examina le parti avantageux que l'on peut tirer des cours d'eau pour les irrigations si favorables à l'agriculture. Il cite l'exemple des provinces où cet usage est établi, telles que le Dauphiné, la Provence, le Roussillon, et il désirerait le voir s'étendre à toutes les autres. Il indique la manière d'établir les rigoles, la pente qu'on doit leur donner, le volume d'eau qu'elles doivent contenir, selon l'étendue de terrain qu'elles ont à parcourir et les héritages qu'elles doivent arroser, etc. » Il termine par l'énumération des avantages que procurent les arrosements artificiels, et cite comme le plus important la facilité de pouvoir convertir les terres labourables en prés, et les prés en terres labourables alternativement. Par là, suppression des jachères, amélioration des terres, moyens d'élever un plus grand nombre de bestiaux, d'où naîtrait une augmentation dans l'aisance des fermiers et dans les revenus des propriétaires.

A la suite de ce mémoire est un article sur le dessèchement des marais, qui se trouvent en grand nombre le long des côtes, à l'embouchure des rivières, et même dans l'intérieur du royaume: « tous ces marais, dit-il, pourraient être desséchés, et devenir d'excellentes terres. »

Enfin, après avoir indiqué les moyens d'accroître les productions du pays, il revient sur les moyens de transport qui doivent faciliter l'écoulement de ces produits. Les canaux, qui ne peuvent pénétrer partout, seraient loin d'être suffisants, si l'on ne veillait à l'établissement et à l'entretien des voies de communication par terre. Il se plaint du mauvais état des routes et chemins à l'époque où il écrivait (1699). Il indique les réparations indispensables à faire et les moyens d'entretien; ce qui doit être à la charge du gouvernement, et ce qui doit être à celles des communautés et paroisses.

Depuis cent cinquante ans que Vauban traitait ces questions, elles ont été l'objet des méditations d'un grand nombre d'hommes instruits et de sociétés savantes; elles ont souvent éveillé la sollicitude des divers gouvernements qui se sont succédés en France depuis cette époque; une partie des améliorations qu'il proposa a été faite; beaucoup de travaux de dessèchement ont été entrepris par des compagnies et quelques-uns par l'état; les routes et les chemins se sont multipliés, ont été mieux tracés, mieux entretenus, et la France, sous ce rapport, n'a rien à envier aux autres nations; mais combien a-t-il fallu de temps pour obtenir ces avantages !

Au milieu de ces travaux, Vauban trouvait encore le loisir de rédiger un ouvrage d'économie politique ; c'était sa *Dixme royale*, qu'il regardait comme le complément nécessaire des améliorations qu'il proposait, et sans laquelle ces améliorations ne pourraient s'effectuer. Cette dixme royale était un nouveau système d'impositions, que lui avait suggéré le spectacle des vices du système en vigueur, et des conséquences qu'avaient sur la situation du peuple les abus et les vexations dont ce système était la source. Vauban, dans les dernières années de la guerre, avait vu les traitants et les sous-traitants profiter des besoins réels de l'état, pour s'enrichir et pour faire peser sur le peuple les lourdes charges du royaume. Leurs exactions avaient rempli les grandes routes et les rues des villes ou des bourgs, de misérables, réduits à mendier leur vie, et chassés de chez eux par la faim et la nudité. La population s'était amoindrie dans toutes les provinces, et le royaume, qui, d'après ses calculs, pouvait nourrir au moins vingt-cinq millions d'hommes, en avait à peine dix-neuf [1]. Cependant le principe de ces maux n'était pas dans la quotité de l'impôt, mais dans son assiette et sa perfection. Cette assiette n'avait d'autres bases que des

---

[1] Vauban croyait peut-être qu'en portant ce nombre plus haut, on ne le taxât d'exagération ; cependant la population de la France, d'après le dernier recencement, s'élève aujourd'hui à près de trente-quatre millions d'habitants. Il est vrai qu'à l'époque où il écrivait, la Lorraine et le comtat d'Avignon n'en faisaient pas partie ; mais sur d'autres points elle était plus étendue qu'elle ne l'est à présent.

évaluations hasardées et arbitraires de la valeur des terrains, et de la fortune des particuliers. Les fermiers et leurs traitants, placés entre l'état et les peuples, absorbaient une grande partie des contributions, et leurs subalternes, pressés aussi de s'enrichir, se livraient, à l'ombre de leur crédit, à des excès de toute espèce, envers les malheureux qui n'avaient pas d'appui. Des exemptions accordées à la naissance, à certaines professions, à la multitude des charges vénales, mais surtout celles qu'arrachaient la ruse, l'intrigue et la faveur, rejetaient l'impôt du riche sur le pauvre, et le fardeau d'un seul accablait une multitude. Vauban, touché de ces maux inutiles et funestes à l'état, y cherchait en silence un remède, et rassemblait, sans épargner la peine ni la dépense, toutes les données qu'il était possible d'obtenir sur la population, la culture et le revenu de la France, aidé dans ce travail par les ingénieurs qu'il avait à ses ordres et par plusieurs intendants. Il avait mis à contribution les descriptions des généralités faites pour l'instruction du duc de Bourgogne, travail dont il avait suggéré l'idée, et dans lequel on distinguait les mémoires de MM. Bouche et Lamoignon de Basville. Mais il s'était fait surtout un collaborateur instruit, actif et plein de zèle, dans M. de Boisguilbert, magistrat de Rouen, et auteur d'un ouvrage intitulé *Détail de la France*. Cet ouvrage traitait aussi de l'impôt, mais n'embrassait qu'une partie des contributions. Vauban, toutefois surpris et charmé d'y reconnaître une partie de ses vues, et des matériaux qu'il cherchait à recueillir, s'était lié d'amitié avec

Boisguilbert, et l'associant à son travail, l'avait chargé, en 1699, de rassembler, dans l'élection de Rouen, les détails nécessaires pour vérifier les données générales sur lesquelles était appuyé le système de la Dixme royale [1].

Dès qu'il eut rassemblé tous ces matériaux, il composa son ouvrage, dont nous donnons ici la préface et l'analyse.

« Je déclare donc, de la meilleure foi du monde, que ce n'a été ni l'envie de m'en faire accroire, ni de m'attirer de nouvelles considérations, qui m'ont fait entreprendre cet ouvrage. Je ne suis ni lettré, ni homme de finances, et j'aurais mauvaise grace de chercher de la gloire et des avantages, par des

---

[1] C'est là la seule part que Boisguilbert a pris à la rédaction de la Dixme royale. Cependant Voltaire, dans son Dictionnaire philosophique, au mot agriculture, prétend que la Dixme royale est l'ouvrage de Boisguilbert, qui, mécontent du mauvais accueil qu'aurait reçu le *Détail de la France*, « lui fit prendre le parti de mettre sa Dixme royale à l'abri d'un nom respecté. Il prit celui du maréchal de Vauban, et ne pouvait mieux choisir. Presque toute la France croit encore que le projet de dixme royale est de ce maréchal, si zélé pour le bien public; mais la tromperie est aisée à reconnaître. Les louanges que Boisguilbert se donne à lui-même dans la préface le trahissent; il y loue trop son livre du détail de la France; il n'était pas vraisemblable que le maréchal eût donné tant d'éloges à un livre rempli de tant d'erreurs. » Cependant, plus haut, Voltaire reconnait que le livre de Bois-Guilbert n'était pas sans mérite; que l'auteur avait une grande connaissance des finances du royaume, mais que la passion de critiquer toutes les opérations du grand Colbert l'emporta trop loin, ce qui fit qu'avec beaucoup d'instruction, il s'égara souvent. Cette erreur de Voltaire vient sans doute de ce qu'après la mort de Vauban, on a publié sous son nom un *testament poli-*

choses qui ne sont pas de ma profession. Mais je suis Français, très-affectionné à ma patrie, et très-reconnaissant des bontés avec lesquelles il a plu au roi de me distinguer depuis si longtemps. Reconnaissance d'autant mieux fondée, que c'est lui, après Dieu, à qui je dois tout l'honneur que je me suis acquis par les emplois dont il lui a plu m'honorer, et par les bienfaits que j'ai tant de fois reçus de sa libéralité. C'est donc cet esprit de devoir et de reconnaissance qui m'anime et me donne une attention très-vive pour tout ce qui peut avoir rapport à lui et au bien de son état. Et comme il y a déjà longtemps que je suis en droit de ressentir cette obligation, je puis dire qu'elle m'a donné lieu de faire une infinité d'observations sur tout ce qui pouvait contribuer à la sûreté de son royaume, à l'augmentation

---

tique qui est effectivement l'œuvre de Boisguilbert; quant à la dixme royale, on ne peut douter qu'elle soit de Vauban. Plusieurs manuscrits de cet ouvrage se trouvent dans le recueil des Oisivetés ; l'édition de 1707, imprimée à un petit nombre d'exemplaires, destinés seulement aux ministres et à ses amis, ne porte, il est vrai, ni le nom de l'auteur, ni celui de l'imprimeur, mais les armes du maréchal sont sur le titre, en tête et à la fin de l'ouvrage. Il y en a un exemplaire à la bibliothèque Sainte-Geneviève, sur lequel on lit ces mots en regard du titre : *Donné par le maréchal de Vauban*, et il y a tout lieu de croire, en comparant ces mots avec les autographes authentiques de Vauban, qu'ils sont écrits de sa main. Du reste, Voltaire ne donne aucun motif de son opinion, que les manuscrits et la préface même dont il parle, et dont nous citons une partie, réfutent complètement. Cette assertion est donc une erreur de plus à ajouter à celles qui fourmillent dans l'ouvrage où elle se trouve ; heureux s'il n'en avait pas commis de plus importante !

de sa gloire et de ses revenus, et au bonheur de ses peuples, qui lui doit être d'autant plus cher, que plus ils auront de bien, moins il sera en état d'en manquer.

» La vie errante que je mène depuis quarante ans et plus, m'ayant donné occasion de voir et de visiter plusieurs fois, et de plusieurs façons, la plus grande partie des provinces de ce royaume [1], tantôt seul avec mes domestiques, et tantôt en compagnie de quelques ingénieurs; j'ai souvent eu occasion de donner carrière à mes réflexions, et de remarquer le bon et le mauvais des pays; d'en examiner l'état et la situation, et celui des peuples, dont la pauvreté ayant souvent excité ma compassion, m'a donné lieu d'en rechercher la cause. Ce qu'ayant fait avec beaucoup de soin, j'ai trouvé qu'elle répondait parfaitement à ce qu'en a écrit l'auteur du *Détail de la France*, qui a développé et mis au jour fort naturellement, les abus et malfaçons qui se pratiquent dans l'imposition et la levée des tailles, des aides et des douanes provinciales....

» Les causes de la misère des peuples de cet état sont assez connues; je ne laisse pas néanmoins d'en représenter en gros les principales; mais il importe beaucoup de chercher un moyen solide qui arrête ce désordre, pendant que nous jouissons d'une paix, dont les apparences nous promettent une longue durée.

[1] Cette préface et le gros de cet ouvrage ont été faits en 1698, immédiatement après le traité de Riswick. — (Note de Vauban, dans l'édition de 1707.)

» Bien que je n'aie aucune mission pour chercher ce moyen, et que je sois peut-être l'homme du royaume le moins pourvu des qualités nécessaires à le trouver, je n'ai pas laissé d'y travailler, persuadé qu'il n'y a rien dont une vive et longue application ne puisse venir à bout. »

Avant d'entrer dans l'exposition de son système, Vauban présente, en forme d'axiomes, les maximes fondamentales suivantes, sur lesquelles repose ce système.

I.

Il est d'une évidence certaine et reconnue par tout ce qu'il y a de peuples policés dans le monde, que tous les sujets d'un état ont besoin de sa *protection*, sans laquelle ils n'y sauraient subsister.

II.

Que le prince, chef et souverain de cet état, ne peut donner cette protection, si ses sujets ne lui en fournissent les moyens; d'où s'en suit :

III.

Qu'un état ne se peut soutenir, si les sujets ne le soutiennent. Or, ce *soutien* comprend tous les besoins de l'état, auxquels par conséquent tous les sujets sont obligés de contribuer.

De cette nécessité, il résulte :

1° Une obligation naturelle aux sujets de toutes conditions, de contribuer à proportion de leur revenu ou de leur industrie, sans qu'aucun d'eux s'en puisse raisonnablement dispenser.

2° Qu'il suffit pour autoriser ce droit, d'être sujet de cet état.

3° Que tout privilège qui tend à l'exemption de cette *contribution*, est injuste et abusif, et ne peut ni ne doit prévaloir au préjudice du public.

Le système présenté par Vauban, consistait en général à prélever une dixme annuelle et variable, du vingtième au dixième, sur toutes les espèces de revenus. Il divisait ces revenus en quatre classes : les produits annuels des terres, les produits périodiques des taillis et futaies, les valeurs locatives des maisons et usines, et les salaires ou profits des professions de toute espèce. Sur les terres qui donnent des produits annuels, la dixme devait être levée en nature, mais affermée par l'état au prix de l'année moyenne. Cette dixme, ainsi louée, n'était donc, pour l'état, qu'un impôt en argent et semblable aux tailles. Mais, pour le peuple, c'était un impôt qu'il paierait en nature et en raison du produit réel des terres, sans courir les risques de la conservation et de la vente des denrées, sans avoir de décharges à demander dans les années malheureuses, et sans craindre les estimations arbitraires et les contraintes qui rendaient les tailles odieuses et tyranniques. Cette idée, comme Vauban le remarquait, n'était neuve ni dans la théorie ni dans la pratique. Sans parler des dixmes ecclésiastiques et seigneuriales, qui se percevaient alors sans difficultés, l'Espagne dans ses états d'Amérique, la Chine et divers peuples de l'Inde, en offraient des exemples actuels. C'était ainsi que les Romains, dans les temps de la république et sous les empereurs, et que les rois de France eux-mêmes, pendant la première dynastie, avaient pourvu aux dépenses de l'état. Les autres branches de revenu exigeaient des évaluations : quelques-unes étaient faciles à faire ; on pouvait estimer le bois par le prix courant des coupes, et les maisons et les usines par les contrats de ventes, les baux ou le prix courant des loyers : mais les revenus mobiliers ou industriels exigeaient des règles et des attentions délicates, pour atteindre la richesse, ne pas ruiner les classes peu fortunées, et, selon l'expression de Vauban, ne manquer ni à la justice ni à la charité. Cette dixme sur tous les revenus, la gabelle (impôts sur le sel), conservée, mais proportionnée aux consommations réelles, et dégagée des abus qui la rendaient onéreuse; les douanes supprimées dans l'intérieur et rejetées sur les frontières ; quelques impôts indirects sur les consommations, les domaines et les autres revenus fixes; tel était le nouveau système d'imposition que proposait Vauban. Il supprimait le reste des impôts anciens, et prouvait que la dixme au vingtième, excédant les revenus ordinaires de la paix, il suffirait de la porter au quinzième, pour obtenir plus qu'on avait tiré des peuples dans la dernière guerre. Mais il exigeait en même temps que les personnes privilégiées renonçassent à des exemptions dont elles n'avaient pas besoin, et qui retombaient sur le peuple déjà trop surchargé. Il invitait le roi lui-même à donner l'exemple de ce renoncement généreux, en payant la dixme de ses domaines. Il conseillait enfin de ne pas augmenter sans nécessité le taux de la dixme, prouvait qu'au delà du quinzième, les peuples commenceraient à souffrir, et qu'on ne pourrait aller au delà du dixième, sans ruiner entièrement l'état. Il recommandait surtout de ne pas abuser d'une ressource qu'il fallait réserver pour les temps de calamité

Afin de donner au reste une base moins arbitraire à l'impôt, quel qu'il fût, Vauban proposait de faire un cadastre de la France, composé de la description de toutes les provinces, du dénombrement des personnes, des terres, des bestiaux, des choses et des revenus de toute espèce. Aux tableaux de ce dénombrement, dont il donnait des modèles, il voulait qu'on joignît des cartes détaillées, et qu'on formât un atlas topographique de la France. Ce cadastre lui paraissait utile pour fournir au roi des données précises sur toutes les opérations, et l'avertir du résultat heureux ou malheureux de ces mesures, par leur influence sur la population, dont l'accroissement, selon sa maxime favorite, atteste le bonheur des peuples, fait la gloire du prince et la force de l'état.

Il termine son mémoire par quelques réflexions, qui doivent en être la conclusion. Nous en citerons textuellement quelques passages, bien propres à donner une idée du caractère, des sentiments d'humanité et de véritable patriotisme qui animaient Vauban.

« Comme il y a impossibilité manifeste qu'un état puisse subsister, si les sujets qui le composent ne l'assistent et ne le soutiennent par une *contribution*[1] de leurs revenus capable de satisfaire à ses besoins, on ne croit pas s'éloigner de la vérité, si l'on dit que les rois ont un intérêt personnel et très-pressant, de tenir la main à ce que les levées, qui se font sur eux à cette occasion, n'excèdent pas le nécessaire. La raison est, que tout ce qu'on en tire au delà, les jette dans un malaise qui les appauvrit d'autant; ce qui va quelquefois à tel excès, qu'ils en souffrent jusqu'à la privation des aliments nécessaires au soutien de la vie, et les exposant à périr, en jette beaucoup dans le désespoir. Ce mal ne s'est que trop fait sentir dans ces derniers temps, où ce défaut, joint à celui d'une guerre cruelle et des chères années, a fait périr ou déserter une partie considérable des peuples de ce royaume, et tellement appauvri les autres, que l'état s'en trouve aujourd'hui affaibli et très-incommodé : perte qui tombe directement sur le roi même, qui en souffre par la diminution de ses revenus, par la perte de ses meilleurs hommes, et par un déchet considérable de ses forces. Ce mal, qui subsiste encore dans le temps que j'écris ceci et qui s'augmente tous les jours, est sans doute beaucoup plus grand qu'on ne pense, et pourrait même tirer à des conséquences très-mauvaises par les suites. C'est pourquoi j'estime qu'il est à propos d'en donner une idée plus sensible, et qui fasse toucher au doigt et à l'œil la grandeur de ce défaut. C'est ce que nous

[1] Remarquons que ce mot, seul en usage aujourd'hui pour indiquer les impôts de toute nature payés au trésor public, a été employé pour la première fois dans ce sens par Vauban.

ferons en peu de mots par une comparaison qui me semble assez juste; la voici :

» Il est certain que le roi est le chef politique de l'état, comme la tête l'est du corps humain; je ne crois pas que personne puisse douter de cette vérité. Or, il n'est pas possible que le corps humain puisse souffrir lésion en ses membres, sans que la tête en souffre. On peut dire qu'il en est ainsi du corps politique, et que si le mal ne se porte pas si promptement au chef, c'est qu'il est de la nature des gangrênes, qui, gagnant peu à peu, ne laissent pas d'empiéter et de corrompre, chemin faisant, toutes les parties du corps humain qu'elles affectent, jusqu'à ce que s'étant approchées du cœur, si elles n'achèvent pas de le tuer, il est certain qu'il n'en échappe que par la perte de quelques-uns de ses membres. Comparaison qui a beaucoup de rapport à ce que nous sentons et qui, bien considérée, peut donner lieu à de grandes réflexions. Cela même m'autorise à répéter ce que j'ai dit : *Que les rois ont un intérêt réel et très-essentiel, à ne pas surcharger leurs peuples jusqu'à les priver du nécessaire.* J'ose même dire que de toutes les tentations dont les princes ont le plus à se garder, ce sont celles qui les poussent à tirer tout ce qu'ils peuvent de leurs sujets, par la raison que, pouvant toute chose sur des peuples qui leur sont entièrement soumis, ils les auront plutôt ruinés qu'ils ne s'en seront aperçus.

» Le feu roi Henri le Grand, de glorieuse mémoire, se trouvant dans un besoin pressant, sollicité d'établir un nouvel impôt qui l'assurait d'une augmentation considérable à ses revenus, et qui paraissait d'un établissement facile, ce bon roi, dis-je, après y avoir pensé quelque temps, répondit à ceux qui l'en sollicitaient, QU'IL ÉTAIT BON DE NE PAS TOUJOURS FAIRE TOUT CE QUE L'ON POUVAIT, et n'en voulut pas entendre parler davantage. Parole de grand poids, et véritablement digne d'un roi père de son peuple, comme il l'était!»

Il résume ensuite tout l'ensemble de son système, et démontre que son adoption améliorera le sort des peuples, augmentera la population, et par conséquent la force et le bien-être de l'état. « Ce qui arrivera infailliblement, ajoute-t-il, quand les impositions seront proportionnées aux forces d'un chacun, les revenus bien administrés, et que les peuples ne seront plus exposés aux *mangeries* de traitants, non plus qu'à la taille arbitraire, aux aides et aux douanes (les douanes intérieures), aux friponneries des gabelles, et à tant d'autres droits onéreux, qui ont donné lieu à des vexations infinies, exercées à tort et à travers sur le tiers et sur le quart, lesquelles ont mis une infinité de gens à l'hôpital et sur le pavé, et en partie dépeuplé le royaume. Ces armées de traitants, sous-traitants, avec leurs commis de toutes espèces; ces sangsues de l'état, dont le nombre serait suffisant pour remplir les galères, qui, après mille friponneries punissables, marchent la tête levée dans Paris, parés des dépouilles de leurs concitoyens, avec autant d'orgueil que s'ils avaient sauvé l'état; c'est de l'oppression de toutes ces harpies qu'il faut garantir ce peuple, le meilleur à ses rois qui soit sous le ciel, en quelque partie de l'univers que puissent être les autres. Et pour conclusion, le roi a d'autant plus d'intérêt à le bien traiter et conserver, que sa qualité de roi, tout son bonheur et sa fortune, y sont indispensablement attachés d'une manière inséparable, qui ne doit finir qu'avec sa vie.

» Voilà ce que j'ai cru devoir ajouter à la fin de ces mémoires, afin de ne rien laisser en arrière de ce qui peut servir à l'éclaircissement du système y contenu. Je n'ai plus qu'à prier Dieu de tout mon cœur, que le tout soit pris en aussi bonne part que je le donne ingénument, et sans autre passion ni intérêt, que celui du service du roi, le bien et le repos de ses peuples. »

Si ce projet de Vauban, ainsi que d'autres non moins utiles qu'il avait conçus, avaient reçu leur entière exécution, on aurait évité bien des malheurs, et surtout peut-être les secousses terribles d'une révolution, avec toutes les calamités qu'elle a fait peser sur la France.

Tous les hommes de bien furent frappés des avantages qui résulteraient de l'adoption du système de Vauban; le roi et les ministres eux-mêmes reconnaissaient ces avantages; mais ce système devait rencontrer une puissante opposition de la part d'une foule d'hommes intéressés à maintenir l'ancien état de choses. Vauban l'avait prévu, et dans un second mémoire, qui n'a jamais été imprimé, il combat les objections de ceux qui voudront s'opposer à l'établissement de la dixme royale. Ce mémoire, qui termine le manuscrit n° 3, a pour titre : *Raisons secrètes et qui ne doivent être exposées qu'au roi seul, qui s'opposeront à l'établissement du système de la dixme royale.* C'est le chapitre des abus et des gens intéressés à les maintenir. Ces gens sont précisément les traitants, les fermiers généraux, et toute cette armée de commis qu'il appelle les sangsues de l'état. Mais l'opposition de ces hommes était appuyée sur l'argument irrésistible de l'or qu'ils répandirent à profusion, pour combattre un système qui n'avait pour lui que la raison, le bon sens, et l'amour du bien public. Les hommes de finances triomphèrent aisément des bonnes intentions de l'homme de bien.

En 1699, l'académie des sciences appela Vauban dans son sein, voulant honorer en lui l'homme qui avait fait servir la science des mathématiques à la défense et à la gloire de son pays, et au bien de l'humanité.

Tels sont les travaux qui, pendant la paix de Riswick, occupèrent cette âme active, qui semblait ne pouvoir trouver de repos que dans la sécurité et le bonheur de sa patrie.

CHAPITRE VIII.

Guerre pour la succession d'Espagne. — Vauban est élevé au rang de maréchal de France. — Il refuse longtemps cette dignité. — Ses motifs. — Il conduit le siège de Brisach sous les ordres du duc de Bourgogne. — *Traité de l'attaque des places.* — Belle conduite de Vauban à l'occasion du siège de Landau. — Occupations de Vauban pendant ses loisirs. — Ses OISIVETÉS. — Vauban est créé chevalier des ordres du roi. — Il est chargé de défendre la frontière de Flandre. — Sa présence et son activité déterminent l'ennemi à changer ses plans. — Louis XIV veut faire le siège de Turin. — Il désire charger Vauban de cette entreprise. — Intrigue pour donner cette commission à La Feuillade. — Vauban fournit le plan d'attaque. — La Feuillade en propose un autre. — Lettre remarquable de Vauban à ce sujet. — Il offre ses services au roi pour aller sous les ordres de La Feuillade au siège de Turin. — Son offre n'est pas acceptée. — Issue du siège de Turin, telle que Vauban l'avait prévue. — *Traité de la défense des places.* — Mort de Vauban. — Opinion de ses contemporains sur lui. — Translation du cœur de Vauban aux Invalides, en 1808. — État des sièges faits et des places fortes bâties par Vauban.

La paix de Riswick, qui devait, comme toutes les paix, être perpétuelle, ne dura que quatre ans. La guerre pour la succession d'Espagne ouvrit le dix-huitième siècle, guerre qui mit la France à deux doigts de sa perte.

Vauban ne prit point de part active aux premières campagnes de cette guerre; son âge et ses infirmités, suite de ses blessures et de tant de fatigues, le retinrent dans une retraite forcée. Le roi voulut alors l'élever au rang de maréchal de France. Vauban le supplia de ne pas lui conférer cette dignité, parce que cette élévation ne lui permettrait plus de diriger les sièges dans une armée commandée par un maréchal de France moins ancien que lui. Un refus si rare ne fit qu'augmenter le désir du roi, de couronner tant de vertus et de services. Louis, qui commandait l'armée, dans tant de sièges dirigés par Vauban, décorait en lui ses propres lauriers. Vauban reçut le bâton de maréchal (2 janvier 1703) avec autant de modestie qu'il avait montré de désintéressement, et la France entière applaudit au choix du monarque.

La même année, le roi chargea Vauban de conduire le siège de Brisach, sous les ordres du duc de Bourgogne, voulant ainsi que son petit-fils, l'élève de Fénelon, eût Vauban pour maître dans l'art des sièges.

Au moment de partir pour cette expédition, le jeune prince dit à Vauban: « Monsieur le maréchal, il faut que vous perdiez votre honneur devant cette place: ou nous la prendrons, et l'on dira que vous l'avez mal fortifiée; ou nous échouerons, et l'on dira que vous m'avez mal secondé. — Monseigneur, répondit Vauban, on sait comment j'ai fortifié Brisach, mais on ignore, et l'on saura bientôt comment vous prenez les places que j'ai fortifiées. » Il faut reconnaître aussi que Brisach avait perdu une partie de sa force, en perdant les ouvrages construits dans les îles du Rhin, et démolis à la paix de Riswick. Il ne s'y trouvait que des retranchements en terre, qu'on prit sans peine. Le siège ne dura que treize jours. La tranchée fut ouverte dans la nuit du 23 au 24 août 1703, et les assiégés se rendirent le 6 septembre. L'armée ne perdit que trois cents hommes. Ce fut le dernier siège que fit Vauban. L'année suivante, il offrit au duc de Bourgogne son *Traité de l'attaque des places*, comme s'il eût voulu ne donner le précepte qu'après l'exemple. Cet ouvrage, digne en tout de son auteur, fruit de sa longue et glorieuse expérience, est le dépôt précieux de ses idées et de ses découvertes, et retrace dans les maximes, la force de son génie; dans le style, la noble simplicité de son caractère.

Après la prise de Brisach, le duc de Bourgogne et le maréchal de Vauban quittèrent l'armée malgré eux. On se préparait à reprendre Landau, tombé l'année précédente au pouvoir des ennemis; le prince et le maréchal sollicitèrent vainement d'être employés à ce nouveau siège; des motifs différents, la politique du roi, de ne laisser acquérir aux princes du sang qu'une gloire inférieure à la sienne, et le crédit de M. de Tallard, qui craignait de partager avec Vauban l'honneur de reprendre Landau, rendirent inutiles leurs sollicitations. Vauban se vengea de cette contrariété d'une manière digne de lui. Ne pouvant prendre part au siège, il donna à ceux qui en étaient chargés toutes les instructions nécessaires.

Le mémoire qu'il rédigea à cette occasion (6 octobre 1705), et qui est conservé au dépôt des fortifications avec des corrections de sa main, est remarquable par son début :

« Puisque, par des raisons qui *n'ont pas besoin d'être expliquées, il ne m'est pas permis* de conduire les attaques de Landau, et de donner en cela de nouvelles marques de mon zèle et de mon affection au service du roi, je veux m'en consoler du mieux que je pourrai, en faisant part de mes vues et de mes lumières à ceux qui doivent tenir ma place, afin que je puisse du moins avoir la satisfaction de n'être pas tout-à-fait inutile à S. M., dans une affaire aussi importante que celle-là paraît devoir l'être, je vais donc, etc. »

Il est curieux de voir dans ces instructions la manière dont Vauban proposait de réduire cette place, son ouvrage, et les tours bastionnées qui caractérisent sa fortification. On y remarque une prévoyance qui embrassait tout, un zèle ardent pour la gloire de l'état et une sollicitude paternelle pour la réussite des ingénieurs, ses camarades et ses élèves. Les attaques furent conduites en grande partie d'après ses instructions; on ne s'en écarta qu'autant que les circonstances et la faiblesse de la défense le prescrivirent. Landau se rendit après vingt-huit jours de tranchée ouverte, et Vauban, condamné au repos, eut encore la gloire d'avoir contribué de loin à ce succès.

Ce repos forcé était un des inconvénients attachés à sa dignité de maréchal de France, inconvénient qu'il avait prévu, et dont il se plaignait souvent à ses amis. « Je l'ai entendu souvent, dit Fontenelle, se plaindre de son inaction, et protester que pour l'intérêt du roi et de l'état il aurait foulé aux pieds avec joie sa dignité de maréchal. »

Mais ses instants de loisir étaient remplis par d'utiles occupations. « Il les employait, continue Fontenelle, à mettre par écrit un prodigieux nombre d'idées qu'il avait sur différents sujets qui regardaient le bien de l'état, non-seulement sur ceux qui lui étaient le plus familiers, tels que les fortifications, le détail des places, la discipline militaire, les campements, mais encore sur une infinité d'autres matières qu'on aurait crues plus éloignées de son usage ; sur la marine, sur la course par mer en temps de guerre, sur les finances, sur la culture des forêts, sur le commerce et sur les colonies. De toutes ces différentes vues il a composé douze gros volumes manuscrits, qu'il a intitulés ses *Oisivetés*. S'il était possible que les idées qu'il y propose s'exécutassent, ses Oisivetés seraient plus utiles que tous ses travaux » Il est curieux de rapprocher ce jugement d'un contemporain et d'un ami de Vauban, de celui que porte sur le même ouvrage un des savants les plus distingués de nos jours, qui ayant à combattre l'opinion émise par certains journaux sur le mérite des *Oisivetés*, s'exprime ainsi :

« Le recueil des manuscrits de Vauban, intitulé *Oisivetés*, loin d'être composé, comme paraissent le croire quelques personnes, de quelques feuilles légères, forme *douze gros volumes*. Des problèmes militaires, commerciaux, agricoles, financiers, économiques, y sont traités avec une grande supériorité de vues. Les meilleurs esprits du siècle de Louis XIV et de notre époque ont mis ces profondes recherches au-dessus même des travaux de Vauban sur la fortification. Le titre d'*Oisivetés* que l'illustre ingénieur donnait à ses méditations du cabinet a été, d'ailleurs, très-faussement interprété : Vauban se croyait *oisif* quand les balles ennemies ne pouvaient l'atteindre, quand il ne se voyait pas exposé à verser son sang pour la défense de la patrie [1]. »

Dans le chapitre suivant, nous parlerons plus en détail des *Oisivetés*.

Le 2 février 1705, Vauban fut créé chevalier des ordres du roi. Cette dignité, qui ne s'accordait qu'à la haute naissance, fut cette fois la récompense des mérites, des services et du dévouement.

Cependant la guerre continuait avec fureur en Espagne, en Italie, en Alsace et en Flandre. En 1706, la funeste bataille de Ramillies livra la Flandre aux alliés. Louis XIV se ressouvint qu'en 1690 la présence de Vauban avait sauvé cette frontière. Il le tire du repos où il languissait depuis si longtemps, et lui confie une seconde fois le soin de la défendre. Le maréchal, chargé d'ans et d'honneurs, saisit avec joie cette occasion de consacrer ses derniers jours à la défense de l'état. Il arrive à Dunkerque. Marlborough s'était avancé jusqu'à Bekelaer, à deux lieues d'Ypres, et M. d'Owerkerque venait d'investir Os-

---

[1] Etudes sur les fortifications de Paris, par M. Arago, député. Paris, décembre 1843.

tende, après avoir menacé Nieuport. Trop faible pour secourir Ostende, Vauban songe à conserver Nieuport, et surtout Ypres, Dunkerque et Bergues. Tandis que les troupes se retranchaient derrière l'Yper, douze mille pionniers leur préparaient un autre camp sous Dunkerque. Des lignes simples, et qui saisissent tous les avantages du terrain, unissent cette place au Fort-Louis; ces lignes soutenues par les deux forteresses, couvertes par des canaux et des inondations, étaient presque partout inattaquables, faciles à défendre, difficiles à bloquer, et conservant des communications avec les places de l'Artois maritime, par des routes et des canaux que l'ennemi ne pouvait couper. Tandis que ces travaux s'exécutaient, Vauban parcourait toutes les places de son commandement, les mettait en état de soutenir un siège, et dans chacune il cachait avec soin son arrivée et son départ, laissant les ennemis incertains de celle qu'il voulait défendre en personne.

Marlborough fit mettre le siège devant Ostende, place mal fortifiée, défendue par une garnison trop faible. Pendant ce siège, il menaçait les autres places maritimes; mais, pour pénétrer par cette frontière, il fallait prendre Nieuport, ou du moins Ypres, le fort Lakenoque et Furnes, forcer le camp d'Ypres, et surtout le camp retranché de Dunkerque. Enfin le siège de cette place, dont les inondations s'étendaient jusqu'au delà de Bergues, eût obligé l'ennemi à investir à la fois ces deux forteresses, et de faire des ponts et des digues à travers une foule de fossés, de canaux et d'inondations que Vauban pouvait former avec les écluses de Gravelines et de Saint-Omer. Ces difficultés et le nom de Vauban sauvèrent une seconde fois la frontière. Tous les yeux étaient fixés sur lui; on attendait avec une sorte d'impatience le grand exemple d'une forteresse défendue par le même homme qui venait de perfectionner l'art des sièges. Mais le duc de Marlborough changea sa ligne d'opérations, et quitta le bassin de l'Yper, pour agir dans celui de la Lys, enlevant au maréchal le seul laurier qui manque à sa gloire; aux ingénieurs la seule leçon qu'il ne leur ait pas laissée [1].

Ce succès négatif fut du reste le seul qu'obtinrent les armes de France dans cette campagne. Dendermonde et Ath furent assiégés et pris. Le duc de Vendôme ne put secourir ces places, et se contenta de couvrir Lille et Tournai. Une armée supérieure à celle des ennemis perdit la Belgique, et fut rejetée, de la Dyle et du canal de Bruges, sur l'ancienne frontière de France : tel fut le résultat désastreux de la funeste bataille de Ramillies.

En Italie, la campagne s'ouvrit par une victoire. Le duc de Vendôme battit les Autrichiens à Calcinate; mais il ne put profiter de cet avantage, forcé qu'il était par ses instructions de couvrir le siège de Turin, l'objet principal de cette campagne.

Depuis longtemps Louis XIV méditait la conquête

---

[1] Il faudrait en excepter la défense d'Oudenarde en 1676 ; mais l'ennemi leva le siège avant d'avoir achevé la circonvallation; ainsi il n'y eut ni tranchée, ni attaque, et l'on ne peut pas compter cet évènement de guerre comme un siège sérieux qu'aurait eu à soutenir Vauban.

de cette ville, qui eût entraîné celle de Coni, dernière place du duc de Savoie, dans laquelle ce prince n'oserait s'enfermer, et qu'il serait facile d'affamer ou de réduire, quand elle resterait seule, derrière les armées, au milieu des garnisons françaises. Le duc de Savoie subirait alors la condition à laquelle les alliés venaient de réduire les électeurs de Bavière et de Cologne. Punir la défection d'un allié perfide, venger deux princes malheureux et fidèles, ôter aux ennemis leurs derniers points d'appui près des Alpes, lier pendant la guerre le Milanais à la France, et garder le Piémont comme un gage de paix : tels étaient les résultats prochains ou éloignés qu'offrait au roi la prise de Turin. Il ne dissimulait pas les difficultés; une garnison nombreuse, une population fidèle à son souverain, et des fortifications perfectionnées par Vauban. Le roi ne voyait qu'un homme capable de mener à bonne fin une pareille entreprise, c'était Vauban, et sa première pensée fut de le charger de ce siège; mais ce n'était plus ce roi jeune, actif, plein de résolution ; affaibli par l'âge, cédant à l'influence des personnes qui l'entouraient, il se décida, à la sollicitation de Mme de Maintenon et de Chamillard, ministre de la guerre et des finances, à charger de ce siège La Feuillade, gendre de ce ministre. Le roi désirait d'ailleurs qu'il suivît le plan d'attaque de Vauban. Il demanda au maréchal un projet d'attaque, que celui-ci lui remit au commencement de l'été, et que Louis XIV envoya à Vendôme et à La Feuillade; mais La Feuillade, rejeta le projet de Vauban et en proposa un tout différent, ajoutant qu'il prendrait Turin à la Cohorn ; Vendôme partageait son opinion.

On trouve dans une lettre de Chamillard à La Feuillade, du 26 août 1705, le passage suivant : « M. le maréchal de Vauban avait grande envie de finir sa carrière par le siège de Turin, si le roi avait voulu lui donner ce qui est porté dans son mémoire, et même quelque chose de moins ; il me l'a dit à moi-même. Il était assez difficile d'accorder sa proposition avec le personnage que vous avez à faire et que, j'espère, vous remplirez dignement. » Et dans la réponse de La Feuillade, du 1er septembre 1705 : « .... Ayez confiance en moi, vous vous en trouverez mieux, et le roi aussi, que de tous les ingénieurs du monde. Il y a des gens nés pour commander, et ces sortes de messieurs-là sont faits seulement pour exécuter les ordres qu'on leur donne...» Ces passages mettent au jour l'intrigue ourdie pour éloigner Vauban, et la présomption de La Feuillade.

Toutefois Chamillard, craignant que son gendre n'échouât dans une entreprise si difficile, désirait, et le roi encore plus, qu'il adoptât le plan de Vauban. Il pria donc le maréchal d'écrire directement à La Feuillade pour combattre ses projets. Vauban, qui sacrifiait tout lorsqu'il s'agissait des intérêts de l'état, fit ce que désirait le ministre. « Je vous envoie, mandait Chamillard à La Feuillade, une lettre du maréchal de Vauban, auquel je communiquai vendredi celle que vous m'avez écrite le 3 de ce mois, qui contient votre projet sur la manière dont vous avez résolu d'attaquer Turin. Vous verrez qu'il n'est pas d'accord avec vous, et sa lettre me paraît appuyée de raisons si solides, que j'ose vous demander par grace d'y faire de sérieuses réflexions. L'affaire est si importante pour le roi, que je suis convaincu comme lui qu'il ne faut rien donner au hasard. » Et en même temps il écrivait à Vauban : « Je vous rends mille graces, monsieur, de la lettre que vous m'avez envoyée pour M. de La Feuillade; je l'ai lue au roi, il m'a paru que votre projet est entièrement dans son goût. J'ai écrit à M. de La Feuillade de manière qu'il aura peine à ne pas sentir la différence qu'il y a de suivre les règles, ou de hasarder des nouveautés qui peuvent être trop dangereuses en pareille occasion. Je souhaite qu'il suive vos sages conseils et que vous ayez tout l'honneur des évènements, qui ne seraient pas moins glorieux pour lui qu'ils seraient utiles pour la France. »

Non-seulement La Feuillade persista dans ses résolutions, mais il combattait le projet de Vauban dans toutes les lettres qu'il adressait à Chamillard et au roi. On trouve la phrase suivante dans celle qu'il écrivit au roi le 30 septembre 1705 : « Enfin, sire, je prends sur ma tête la réussite de l'entreprise de Turin.... »

Pour donner plus de poids à son opinion, il adressa à Chamillard un mémoire conforme à ses projets, rédigé par le baron de Pallavicini, officier piémontais réfugié, au service de la France. Chamillard l'envoya à Vauban, en le priant de lui en dire son sentiment; et Vauban le fit encore. La lettre dans laquelle il combat les opinions de cet officier, se termine par des réflexions où il se permet, dit-il, de parler de lui pour la première fois de sa vie, et où il le fait avec tant de simplicité, de noblesse et d'élévation de sentiments, que je me reprocherais de ne pas la citer textuellement [1]. »

A Paris, le 16 janvier 1706.

« ..... Après avoir parlé des affaires du roi, par rapport à la lettre de M. Pallavicini, et à ce qui est de la portée de mes connaissances, j'ose présumer qu'il me sera permis de parler de moi pour la première fois de ma vie. Je suis présentement dans la soixante-treizième année de mon âge, chargé de cinquante-deux années de service et surchargé de cinquante sièges considérables, et de près de quarante années de voyages et visites continuelles, à l'occasion des places de la frontière; ce qui m'a attiré beaucoup de peines et de fatigues de l'esprit et du corps, car il n'y a eu été ni hiver pour moi. Or, il est impossible que la vie d'un homme qui a soutenu tout cela ne soit fort usée, et c'est ce que je ne sens que trop, notamment depuis que le mauvais rhume qui me tourmente depuis quarante ans, s'est accru et devient de jour en jour plus fâcheux par sa continuité; d'ailleurs, la vue me baisse et l'oreille me

---

[1] Ce passage et la lettre de Vauban sont extraits de la notice sur Vauban, dans les mélanges de M. le marquis de Chambray.

devient dure; bien que j'aie la tête encore aussi bonne que jamais, je me sens tout bas et fort affaibli par rapport à ce que je me suis vu autrefois. C'est ce qui fait que je n'ose plus me proposer pour des affaires difficiles et de durée, qui demandent la présence presque continuelle de ceux qui les conduisent. Je n'ai jamais commandé d'armée en chef, ni comme général, ni comme lieutenant, pas même comme maréchal-de-camp; et hors quelques commandements particuliers, comme ceux d'Ypres, Dunkerque et la Basse-Bretagne, dont je me suis, Dieu merci, bien tiré, les autres ne valent pas la peine d'être nommés. Tous mes services ont donc roulé sur les sièges et la fortification, de quoi, graces au Seigneur, je suis sorti avec beaucoup d'honneur. Cela étant, comme je le dis au pied de la lettre, il faudrait que je fusse insensé si, aussi voisin de l'âge décrépit que je le suis, j'allais encore voler le papillon et rechercher à commander des armées dans des entreprises difficiles et très-épineuses, moi qui n'en ai point d'expérience, et qui me sens défaillir au point que je ne pourrais pas souffrir le cheval quatre heures de suite, ni faire une lieue à pied sans me reposer. Il faut donc se contenter de ce que l'on a fait, et du moins ne pas entreprendre les choses dans l'exécution desquelles les forces et le savoir-faire, venant à me manquer, pourraient me jeter dans des fautes qui me déshonoreraient, ce qu'à Dieu ne plaise; plutôt la mort cent fois!.... Quant à ce qui peut regarder mon ministère, touchant la conduite des attaques, je pourrais encore satisfaire bien que mal aux fatigues d'un siège ou deux, si j'étais servi des choses nécessaires et que l'on eût des troupes comme du passé. Mais quand je pense qu'elles ne sont remplies que de jeunes gens sans expérience et de soldats de recrue, presque tous forcés et qui n'ont nulle discipline, je tremble et n'ose me trouver à un siège considérable. D'ailleurs, la dignité dont il a plu au roi de m'honorer m'embarrasse à ne savoir qu'en faire, et en de telles rencontres je crains le qu'en dira-t-on de mes confrères; de sorte que je ne sais point trop quel parti prendre, ni comment me déterminer. Je dois encore ajouter que je me suis défait de tout mon équipage de guerre il y a quatre ou cinq mois, après l'avoir gardé depuis le commencement de cette guerre jusque-là. Après tout cela, si c'est une nécessité absolue que je marche, je le ferai, au préjudice de tout ce que l'on pourra dire et de tout ce qui pourra en arriver ; le roi me tenant lieu de toutes choses après Dieu, j'exécuterai toujours ce qu'il lui plaira m'ordonner, quand je saurais même y perdre la vie ; et il peut compter que la très-sensible reconnaissance que j'ai de toutes ses bontés ne s'épuisera jamais ; la seule grace que j'aie à lui demander est de ménager un peu mon honneur. Je suis bien fâché, monsieur, de vous fatiguer d'une si longue lettre ; mais je n'ai pu la faire plus courte. Je vous l'aurais été porter moi-même, si le rhume qui m'accable ne me contraignait à garder la chambre.

» Je suis, etc.

» VAUBAN. »

Les circonstances de la guerre engagèrent le roi à différer encore le siége de Turin, et ce ne fut que le 13 mai 1706 que l'armée française commença à travailler aux lignes de contrevallation et de circonvallation. Rien n'avait été épargné à La Feuillade pour assurer son succès. On avait effrayé Louis XIV des préparatifs demandés par Vauban pour ce siége; mais Chamillard surpassa en faveur de son gendre ces préparatifs, qui avaient été un des prétextes d'éloigner Vauban. Une belle armée, une artillerie nombreuse, huit brigades d'ingénieurs, le corps entier des mineurs, porté au pied de guerre et augmenté d'une compagnie; enfin, tout ce qui peut abréger les siéges fut mis à sa disposition. Mais ces éléments de succès furent dirigés avec si peu d'habileté, que l'investissement de la place, commencé le 13 mai, ne fut terminé que trois mois après. Les assiégés, pendant ce temps-là, avaient reçu continuellement du dehors des provisions de guerre et de bouche, ce qui les avait mis en état de résister avec avantage aux diverses attaques dirigées contre eux.

Cependant le prince Eugène, dont l'armée avait été battue, comme nous l'avons dit, à Calcinato, avait eu le temps de réparer ses pertes, et se préparait à secourir Turin. Vendôme, rappelé d'Italie en Flandre, après le désastre de Ramillies, avait eu pour successeur le duc d'Orléans, neveu de Louis XIV. Le prince Eugène profita de ce changement de chef dans l'armée française, pour surprendre le bas Adige et franchir le Tartaro, avant l'arrivée du duc d'Orléans.

Ce fut vers cette époque que Louis XIV, inquiet

des lenteurs du siège et des progrès du prince Eugène, manda le maréchal de Vauban, à qui le nouveau plan d'opérations de Marlborough avait permis de quitter la Flandre maritime. Après avoir expliqué les vices des attaques, le maréchal indiqua le remède à employer pour réparer le mal; puis il offrit d'aller, comme simple volontaire, seconder le duc de La Feuillade. « Songez-vous, lui dit le roi, que cet emploi est au-dessous de votre dignité ? — Sire, repartit Vauban, ma dignité est de servir l'état; je laisserai le bâton de maréchal à la porte, et j'aiderai peut-être La Feuillade à prendre la ville. » Mais c'eût été pour le duc perdre ou partager la gloire du siège. « J'espère prendre Turin à la Cohorn[1], » répétait sans cesse La Feuillade; et les offres du maréchal ni son noble désintéressement ne furent point acceptés. Quand il connut la manière, dont cette grande expédition était conduite, Vauban, le désespoir dans l'âme, en prédit la fatale issue avec une exactitude de détails qui, après la catastrophe, excita le plus douloureux étonnement dans la cour de Louis XIV. On sait que le prince Eugène, après avoir forcé l'armée que commandaient le duc d'Orléans et le maréchal Marsin, à s'enfermer dans les lignes de Turin, lui livra bataille le 7 septembre, remporta une victoire complète, et entra victorieux dans Turin, délivrée après un

---

[1] Le système de Cohorn différait de celui de Vauban, en ce que l'ingénieur français dirigeait ses attaques avec méthode, se couvrant toujours, et ne faisant qu'un usage modéré, mais sûr, des bouches à feu; tandis que Cohorn écrasait les places sous une grêle de bombes, d'obus et de boulets rouges.

siége de quatre mois. La funeste journée de Turin compléta les désastres qu'avaient entraînés les batailles d'Hochstett et de Ramillies, en enlevant aux Français l'Italie, comme les deux autres leur avaient enlevé la Bavière et la Belgique.

Dans cette guerre malheureuse, le siège de Brisach et le commandement qu'il venait de remplir en Flandre, avaient seuls tiré Vauban du repos auquel le condamnaient son élévation même et l'ombrage que donnait sa gloire. Le maréchal s'affligeait d'être inutile au milieu des revers qu'éprouvait la France; il déplorait des honneurs qui l'enchaînaient, et des récompenses qui mettaient un terme à ses services. Les fonctions de commissaire général ne suffisaient pas pour occuper cette âme active, et que le zèle du bien public dévorait. Il touchait à sa soixante-quatorzième année, et cette imagination brillante semblait ne pas vieillir. Entouré de secrétaires et de dessinateurs, il continuait à mettre en œuvre l'immense collection de matériaux, de projets, d'idées utiles ou singulières qu'il avait recueillies ou conçues à travers la France, ou dans ses rapports avec les ingénieurs, les généraux, les intendants, les ministres, et avec ses illustres amis, parmi lesquels il comptait Catinat, Fénelon, Fontenelle, et tout ce que la cour, l'armée ou les sciences avaient de plus respectable et de plus éclairé. Ces travaux l'occupèrent jusqu'à la fin de sa vie. Dans l'année 1706, il acheva son projet sur la navigation de la Flandre, rédigea le mémoire sur la navigation générale de la France, dont nous avons donné quelques fragments, et il fit imprimer sa *dixme royale*;

non qu'il voulût la publier, mais afin de la distribuer aux ministres et à ses amis. Le désordre des finances, l'inexpérience de Chamillard, le vice et l'insuffisance des impôts, les anticipations, les créations d'offices inutiles, tant de fautes et d'erreurs persuadaient au maréchal que son livre jetterait quelque lumière au milieu de ces ténèbres ; mais il se ne dissimulait pas les obstacles qu'il devait rencontrer, et dans un chapitre manuscrit, destiné au roi seul, il faisait, comme nous l'avons dit, une récapitulation franche et originale des classes d'individus et des espèces d'intérêts que la dixme royale pouvait blesser. Enfin, depuis son retour de Flandre, Vauban avait commencé un dernier ouvrage, auquel les revers des armées donnaient une grande importance. C'était un *un Traité de la défense des places*. Au commencement de la guerre il avait dirigé une instruction et des tables sur l'approvisionnement des forteresses, et il les fondit dans ce nouveau traité, qu'il avait cru jusqu'alors peu nécessaire. Soixante ans de prospérités, tant de guerres faites sur le territoire ennemi, et dans celle-ci la possession de la Belgique, de la Bavière et de l'Italie, n'annonçaient pas que la France aurait sitôt à défendre ses propres frontières. Ces frontières mêmes n'étaient plus intactes ; Landau pris les entamait. Vauban se hâta de consigner tout ce que lui suggérèrent, sur la défense des places, son expérience des siéges, sa mémoire et son imagination. La déroute de Turin, l'Italie perdue, toutes les frontières menacées, pressaient Vauban de finir cet ouvrage ; lui-même sentait sa fin approcher : « Avant que l'âge, dit-il dans son mémoire, et le fâcheux rhume qui m'accable six ou sept mois de l'année, aient achevé d'abattre le peu de forces qui me restent, j'ai pris la résolution, etc. » C'étaient de dernières pensées qu'il dérobait à la mort. La toux qui l'accablait dégénérant, par l'excès même de ce travail, en fluxion de poitrine, termina en peu de jours cette vie consacrée, jusqu'au dernier instant, au service de l'état.

Le maréchal de Vauban mourut le 15 mars 1707. Il vit approcher sa dernière heure avec cette résignation que donne une longue habitude du courage, la certitude d'avoir rempli ses devoirs de chrétien et de citoyen, et surtout le témoignage d'une conscience pure et exempte de tout reproche. Prodigue de son propre sang, il fut avare de celui des soldats, « et le plus ardent conservateur des hommes, dans un art créé pour les détruire. » Cet art de la fortification et des siéges, devenu dans ses mains une science presque nouvelle; cinquante forteresses qu'il a soumises, trente-trois places qu'il a bâties, toutes celles des frontières qu'il a perfectionnées, tant de ports et de canaux construits ou projetés, tant d'écrits pleins de vues utiles et nouvelles, l'institution des ingénieurs, et les principes d'honneur sur lesquels il a fondé leur service, ses travaux, ses actions, ses paroles remarquables, en un mot sa vie entière, révèlent son âme et son génie. Des hommes, la plupart illustres, et ses contemporains, nous ont transmis ses traits et peint son caractère. Sa taille était médiocre; son corps robuste et endurci par les fatigues; son extérieur rude et tout militaire. Ses dehors semblaient annoncer un caractère dur et inflexible ; et c'était au contraire un homme doux, compatissant, obligeant. Tel est le portrait que nous en a laissé Saint-Simon, « cet homme si avare de louanges, qu'il voudrait recourir après celles que la vérité lui arrache. Vauban, dit-il, s'appelait Le Prestre, petit gentilhomme de Bourgogne tout au plus, mais peut-être le plus honnête homme et le plus vertueux de son siècle, et avec la réputation du plus savant homme dans l'art des siéges et de la fortification, le plus simple, le plus vrai et le plus modeste. C'était un homme de médiocre taille ; assez trapu, qui avait fort l'air de guerre, mais en même temps un extérieur rustre et grossier, pour ne pas dire brutal et féroce ; il n'était rien moins : jamais homme plus doux, plus compatissant, plus obligeant ; mais respectueux sans nulle politesse, et le plus ménager de la vie des hommes, avec une valeur qui prenait tout sur lui et donnait tout aux autres. Il est inconcevable qu'avec tant de droiture et de franchise, incapable de se porter à rien de faux, ni de mauvais, il ait pu gagner, au point qu'il fit, l'amitié et la confiance de Louvois et du roi. »

Ecoutons maintenant un homme qui a été honoré de l'amitié de Vauban, et son collègue à l'académie des sciences : « Jamais les traits de la simple nature n'ont été mieux marqués qu'en lui, ni plus exempts de tout mélange étranger. Un sens droit et étendu, qui s'attachait au vrai par une espèce de sympathie et sentait le faux sans le discuter, lui épargnait les longs circuits par où les autres marchent, et d'ailleurs sa vertu était en quelque sorte un instinct heureux, si prompt qu'il prévenait sa raison. Il méprisait cette politesse superficielle dont le monde se contente, et qui couvre souvent tant de barbarie ; mais sa bonté, son humanité, sa libéralité lui composaient une autre politesse plus rare qui était toute dans son cœur. Il seyait bien à tant de vertus de négliger les dehors, qui à la vérité lui appartiennent naturellement, mais que le vice emprunte avec trop de facilité ; souvent le maréchal de Vauban a secouru de sommes assez considérables des officiers qui n'étaient pas en état de soutenir le service ; et quand on venait à le savoir, il disait qu'il prétendait leur restituer ce qu'il recevait de trop des bienfaits du roi. Il en a été comblé pendant tout le cours d'une longue vie, et il a eu la gloire de ne laisser en mourant qu'une fortune médiocre. Il était passionnément attaché au roi. Sujet plein d'une fidélité ardente et zélée, et nullement courtisan, il aurait infiniment mieux aimé servir que plaire. Personne n'a été si souvent que lui, et avec tant de courage, l'introducteur de la vérité ; il avait pour elle une passion presque imprudente et incapable de ménagement. Ses mœurs ont tenu bon contre les dignités les plus brillantes, et n'ont pas même combattu. En un mot, c'était un Romain, qu'il semblait que notre siècle eût dérobé aux plus heureux temps de la république. [1] » C'était mieux qu'un Romain, même du temps des Fabricius et des Cincinnatus; car au désintéressement, au patriotisme et au courage de ces grands hommes, il joignait toutes les vertus qui

---

[1] Fontenelle, éloge de Vauban.

n'appartiennent qu'au héros chrétien. Tel fut Vauban, le premier des ingénieurs et le meilleur des citoyens.

Le maréchal de Vauban ne laissa que deux filles. L'aînée épousa le marquis de Mesgrigny d'Aunay. Ils n'eurent qu'un fils, le comte d'Aunay, lieutenant-général des armées. Ce dernier ne laissa qu'une fille, mariée en 1737 à Louis Le Peletier de Rosanbo, président du parlement. De ce mariage sont nés M. Le Peletier de Rosanbo, président du parlement, et M. Le Peletier, comte d'Aunay, colonel de cavalerie, qui ont épousé, le dernier une petite-fille du maréchal de Puységur, si distingué par ses talents militaires; l'aîné, une fille de l'illustre et infortuné Malhesherbes. Les enfants issus de ce mariage sont les seuls représentants en ligne directe du maréchal de Vauban, leur quadrisaïeul.

La seconde fille du maréchal de Vauban épousa le marquis d'Ussé. De ce mariage naquirent un fils, **mort en 1772**, et deux filles, décédées quelques années après leur frère, tous trois sans postérité.

Le nom de Vauban a été conservé par les descendants de Dupuy-Vauban, dont nous avons parlé dans le cours de cette histoire. Le dernier, Anne-Joseph Le Prestre, comte de Vauban, qui a joué un rôle assez remarquable à l'époque de la révolution, est mort le 20 avril 1816.

Napoléon, digne appréciateur des talents et des vertus militaires, voulut rendre un hommage éclatant à la mémoire de Vauban; il ordonna que le cœur du maréchal fût transféré avec solennité sous le dôme des Invalides, près du corps de Turenne, dont il eut, dans une autre carrière, le génie et les vertus, et qui mérita comme lui d'être appelé l'honneur de l'humanité.

On lira sans doute avec intérêt les détails de cette cérémonie. Les voici tels que les donne le *Moniteur* du 1ᵉʳ juin 1808 :

« Le 26 mai 1808, jour anniversaire de la prise de Dantzick, conformément aux décrets de S. M. l'empereur et roi, le cœur du maréchal de Vauban a été transféré dans le mausolée qui lui avait été érigé vis-à-vis celui de Turenne, sous le dôme de l'hôtel des Invalides.

Le cœur du maréchal de Vauban était placé dans la salle d'audiences de l'hôtel de la guerre, sous un buste du maréchal, au milieu d'armes et de drapeaux pris à Dantzick et dans les places conquises. Il y avait été déposé par M. Le Peletier d'Aunay, ancien maréchal-de-camp, arrière-petit-fils du maréchal de Vauban, au nom et en présence des autres membres de la famille du maréchal.

Une salve d'artillerie avait annoncé le matin la cérémonie, et le jour anniversaire de la prise de Dantzick. A midi, une seconde salve ayant annoncé le départ du cortège, le cœur du maréchal de Vauban, porté par M. Le Peletier d'Aunay, a été posé sur un char orné d'armes et de drapeaux pris à Dantzick, et dans les autres places conquises par la grande armée.

Le cortège s'est ensuite mis en marche de l'hôtel de la guerre, dans l'ordre suivant :

Un corps de cavalerie ouvrant la marche.

Le général commandant la division et la place [1], à cheval, à la tête des deux états-majors.

Un bataillon des élèves de l'école polytechnique.

Quatre corps d'infanterie, de cavalerie, d'artillerie et du génie, marchant dans l'ordre, avec les armes, les bouches à feu et les autres machines de siège.

Quatre pièces de canon, représentant celles qui furent données au maréchal de Vauban après la prise de Philisbourg.

Le char portant le cœur du maréchal.

Les voitures de LL. EExc. MM. les premiers inspecteurs et colonels-généraux de toutes les armes.

Les voitures de LL. EExc. MM. les maréchaux d'Empire.

Les voitures de LL. EExc. le ministre de la guerre [2], le ministre de la marine [3], le ministre directeur de l'administration de la guerre [4], le ministre d'état directeur de la conscription et des revues [5].

S. Exc. le ministre de la guerre avait dans sa voiture M. Le Peletier d'Aunay.

LL. EE. les ministres et les maréchaux d'empire, les inspecteurs et colonels-généraux avaient avec eux les autres personnes de la famille de Vauban, les présidents et secrétaires perpétuels de la classe des sciences de l'Institut, et les membres du comité central des fortifications.

Des corps de trompettes, de tambours et de mu-

---

[1] Le général Junot. [2] Le général Clarke. [3] Le vice-amiral Decrès. [4] Dejean. [5] Lacuée.

sique précédaient les divers corps de troupes. Un corps de cavalerie fermait la marche.

Le cortège a suivi la rue de Lille, la place du Corps législatif (du Palais-Bourbon), les rues de Bourgogne et de Varennes, le boulevard des Invalides, l'avenue de Tourville et la place de Vauban, vis-à-vis la cour du dôme.

La haie était bordée par l'infanterie jusqu'à la place de Vauban, par les vétérans sur cette place, par les invalides dans la cour du dôme. Des piquets de cavalerie étaient en bataille, au débouché des rues qui donnaient sur la route du cortège. Le canon tirait par pièce pendant la marche, et l'arrivée en a été annoncée par une salve d'artillerie.

LL. EE. les ministres, maréchaux d'empire, premiers inspecteurs et colonels-généraux, ainsi que M. le général commandant la division et la place, et les états-majors, étant descendus de voiture et de cheval, le cœur du maréchal de Vauban a été repris sur le char, et porté sous le dôme par M. Le Peletier d'Aunay, au milieu des ministres et des généraux qui l'environnaient.

Il a été reçu à la porte du dôme par M. le maréchal Serrurier, gouverneur de l'hôtel des Invalides, à la tête de son état-major et d'officiers invalides de toutes armes.

Le cœur a été placé au milieu du chœur sur une estrade, sous un buste du maréchal, au milieu d'autres armes et drapeaux pris dans les places conquises. Des parfums brûlaient dans quatre mortiers de bronze, placés au coin de l'estrade.

Le dôme était rempli de militaires de toutes armes, au milieu desquels on voyait, à côté d'un groupe d'invalides, un groupe d'élèves des écoles militaires et de l'école polytechnique, des membres de l'institut, et des ingénieurs de tous les services publics.

Les tribunes et les galeries étaient occupées par les dames et les familles des militaires, et autres personnes invitées à la cérémonie.

Un corps de musique placé sous le dôme a exécuté une symphonie guerrière.

M. le premier inspecteur-général du génie [1] qui devait prononcer l'éloge du maréchal de Vauban ayant été appelé auprès de S. M. l'empereur, le discours qu'il devait prononcer a été lu par le secrétaire du comité des fortifications.

Voici ce discours :

« S. M. l'empereur et roi a voulu réunir sous ce dôme, aux cendres du maréchal de Turenne, le cœur du maréchal de Vauban : association touchante de deux héros contemporains, dont les caractères eurent tant de ressemblance! Le jour qu'a choisi S. M. est anniversaire de celui où la prise de Dantzick préludait à la victoire de Friedland et à la paix de Tilsitt; rapprochement ingénieux et délicat du guerrier qui créa l'art des sièges, et des guerriers qui viennent de s'illustrer dans un siège glorieux.

» Il ne restait du maréchal de Vauban que son cœur. Le prince, que l'empereur a nommé son digne compagnon d'armes, avec ce zèle que le mérite seul

[1] Marescot.

met à honorer le mérite, a sur ces derniers restes d'un homme illustre appelé l'attention d'un monarque qui se plaît à répandre sur les grands hommes tout l'éclat de sa gloire.

» Ici cet éclat rejaillit sur l'armée, dont tous les corps participent dans les sièges au succès de l'attaque ou à l'honneur de la défense. Il rejaillit sur les maréchaux d'empire, gouverneurs des places, généraux des armées de siège, revêtus de la même dignité que Vauban, et désignés comme dignes des mêmes honneurs par la reconnaissance publique. Ces aigles, emblèmes du dévouement à l'honneur, à la patrie, au monarque, rappellent les ordres dont Vauban fut décoré, et son ardeur à servir son prince et son pays. A leur tête, collègue de l'élève et du successeur de Buffon, un élève de Vauban, général et ministre, unissant dans les sièges l'audace à la sagesse, dans l'administration de la guerre le talent à la probité, retrace le caractère et les vertus de ce grand homme. Les successeurs des Fontenelle, les collègues des Borda, des Coulomb et des Meunier représentent ici l'académie des sciences, qui honora dans Vauban les sciences appliquées au service de l'état. Vauban enfin est dans cette enceinte représenté lui-même par son propre sang. Son arrière-petit-fils, qui, dans la carrière des armes, s'est montré l'héritier de ses vertus guerrières, est ici au milieu de sa famille. Il vient déposer son cœur dans ce temple, et le confie au chef illustre de ces guerriers dont les cheveux blancs et les blessures attestent les longs et brillants services. Sous leur garde reposeront désormais les restes de Vauban et de Turenne ; et si les ombres de ces héros errent quelquefois sous ces voûtes [1], elles se croiront au milieu des compagnons de leur gloire.

» Tout est ici une image, un souvenir de Vauban. Qu'ajouter à ces témoignages glorieux ? L'éloge de Vauban, écrit par d'éloquents orateurs, a été prononcé dans le sein de trois académies. Chef du corps dont Vauban a créé l'art, s'il m'est doux et permis, en retraçant ses services, de lui rendre hommage, comme à l'un de ces hommes à qui l'on succède et qu'on ne remplace jamais, devant des militaires, militaire comme eux, étranger à une éloquence peu connue dans les camps, la seule louange de Vauban sera, dans ma bouche, le tableau simple et rapide de sa vie.

» Le maréchal de Vauban comptait une longue suite d'aïeux, presque tous militaires. Mais, dans leur rang, l'honneur était de sacrifier sa fortune, comme sa vie, au service du souverain. Vauban naquit sans biens, et dès sa tendre enfance il resta orphelin. A 17 ans, il cède à son génie, voit les places, et devient ingénieur. Dans ses premiers sièges, il fait l'essai de son talent et donne des preuves de son courage. Au siège de Sainte-Menehould, pendant l'assaut, sous le feu de la place, il traverse la rivière à la nage. A Stenay, Montmédy, Valenciennes, il est couvert de blessures. Sous Gra-

---

[1] On reconnait ici le pathos mythologique, qui était de mise à cette époque.

velines, à 25 ans, il conduit en chef les attaques, prend et ne quitte plus le seul rang digne de son mérite. Dans les guerres suivantes, il crée un nouvel art des sièges. A Maëstricht, il emploie pour la première fois les trois parallèles, et le reste du dispositif ingénieux des approches régulières. A Luxembourg, il applique les *couronnements* à la sape, et les cavaliers de tranchée, inventions que la rapidité donnée aux sièges par lui-même a permis de négliger. En 1688, il ouvre les portes de Philisbourg, de Manheim, de Franckenthal, à l'héritier du trône, qui pour prix de ce service lui donne, au nom du roi, quatre pièces de canon. C'est devant Philisbourg qu'il invente le *ricochet*, manière aussi ingénieuse que redoutable de tirer le boulet et l'obus, et qui ne laisse, dans l'intérieur d'une place assiégée, que peu d'asile contre ses ravages. Au siège de Namur, en 1692, il se trouve en présence de Cohorn. Cet ingénieur célèbre venait de créer le fort Guillaume; il y attachait le sort de la place et sa gloire : Vauban d'un coup-d'œil aperçoit le défaut de cet ouvrage; il se porte rapidement entre le fort Guillaume et le château, les sépare par une tranchée, enlève le fort, et triomphe d'un rival que l'histoire n'a cru pouvoir mieux louer qu'en le nommant le *Vauban hollandais*.

» Les sièges d'Ath et de Brisach sont les derniers qu'il ait faits. Sous Ath, il rassemble et déploie tout ce que son art a de puissant. Brisach, qu'il avait construit, fut pris en treize jours, et dans ce siège on peut dire que Vauban triompha de lui-même.

» Les forteresses de la France étaient la plupart faibles et placées au hasard. Vauban est chargé de fortifier toutes les frontières. Des Pyrénées au bord de l'Escaut, sa fortification varie comme les sites. Partout, sur les montagnes, au bord de la mer et des fleuves, c'est en pliant les ouvrages au terrain qu'il subjugue la nature. Sa pensée dans chaque place embrasse l'universalité des frontières. Il considère la France comme une vaste place d'armes, dont chaque forteresse n'est qu'un ouvrage particulier. Il les coordonne, et en détermine les rapports. Suivant leur position, elles sont entretenues, réparées ou perfectionnées. Il crée celles qui manquent, il donne à chacune son caractère et sa destination. Le même homme, qui dans les sièges contribue à reculer les limites de l'empire, jouit de la gloire d'en poser les barrières. Les places du Nord ont arrêté deux fois les ennemis de la France. Dans la guerre de la succession, et en 1793, elles ont été pour nous, suivant l'expression de Montécuculli, *les ancres sacrées qui sauvent les états.*

» Vauban, au milieu de ces travaux trouva le temps de composer un grand nombre d'ouvrages, sur son art et sur l'économie politique. Ses traités de l'attaque et de la défense sont encore l'oracle des militaires dans les sièges. Dans ses mémoires et ses projets sur toutes les places, tout est discuté, tout est prévu jusqu'aux détails d'exécution ; et lorsqu'on veut reprendre ce qu'il n'a pu exécuter, en vain essaie-t-on de le perfectionner. Ce que Vauban a déterminé se trouve, un siècle après, être encore ce qu'il y a de plus solide, de plus économique, de plus ingénieux. La vérité est immuable, et le génie ne s'attache qu'à la vérité. A cette collection précieuse se joignent sa *Dixme royale*, et les manuscrits auxquels il avait donné le titre modeste d'*Oisivetés*....

» De grandes récompenses, la charge de commissaire-général des fortifications, les gouvernements de Douai et de la citadelle de Lille, les ordres du roi, le bâton de maréchal de France, furent le prix de ses services....

» Cinquante-sept années de services, 25 campagnes, 10 blessures, 140 actions de guerre, 53 sièges, 33 places neuves, toutes celles de la France restaurées : telle est la vie du maréchal de Vauban. Un siècle s'est écoulé depuis sa mort ; mais avant que son nom s'oublie, les Français cesseront d'aimer leur pays et la gloire.

» Et vous, guerriers, sous qui Dantzick a succombé, vous chef illustre [1] qui les avez dirigés, couvrez le cœur de Vauban d'un rameau de vos lauriers ; mêlez à l'éclat de ses honneurs celui de votre gloire, comme nous mêlons aux souvenirs que Vauban a laissés les images de vos services. Dans ces honneurs décernés au héros devant qui tombaient les forteresses, c'est vous aussi, c'est son armée qu'a voulu honorer le monarque *invincible*, devant qui tombent les armées et les places de tous ses ennemis »

M. le secrétaire-général du ministre de la guerre

---

[1] Le maréchal Lefebvre, duc de Dantzick.

a lu ensuite l'ordre de S. M. l'empereur et roi, qui ordonne la translation du cœur du maréchal de Vauban.

Alors M. Le Peletier d'Aunay, ayant pris dans ses mains le cœur de son illustre aïeul, l'a remis en celles de S. E. le ministre de la guerre, en lui adressant les paroles suivantes :

« Monseigneur,

» Chargé par S. M. l'empereur et roi de déposer entre vos mains le cœur du maréchal de Vauban, mon aïeul, j'ai l'honneur de vous remettre ce dépôt précieux.... »

S. E. le ministre de la guerre a répondu à M. Le Peletier d'Aunay dans les termes suivants :

« Monsieur, en recevant de vous et de la famille de Vauban le cœur de ce grand homme, je m'estime heureux d'être chargé de confier un si précieux dépôt aux braves défenseurs de l'état que renferme cette enceinte, et à leur digne gouverneur, entre les mains duquel Mantoue jadis capitula.

» Le cœur de Vauban, qui brûla d'un amour si vrai pour sa patrie et pour la gloire, reçoit aujourd'hui un nouvel hommage des mains de la victoire, puisqu'il va être couronné par celui qui, à pareil jour, il y a un an, rappela tous les souvenirs de

Vauban, en s'emparant, à l'aide de l'art qu'il a créé, et après des actions où ont brillé simultanément le talent, l'audace et l'intrépidité les plus remarquables, de l'un des premiers boulevards du Nord, par celui qui mérita comme récompense, et obtint de l'empereur, après l'importante prise de Dantzick, d'en porter le nom, et de le transmettre à ses descendants pour en consacrer la mémoire. »

Après ce discours, M. le colonel du génie, Sabatier, un des officiers qui se sont distingués, sous les ordres de M. le maréchal duc de Dantzick, au siège de cette forteresse, lui a remis, au nom des braves qui ont servi sous lui, une couronne de laurier et une médaille sur laquelle était, d'un côté, le portrait de S. M.; de l'autre une inscription rappelant l'ordre de l'empereur pour la translation du cœur de Vauban.
Alors M. le maréchal de Dantzick a déposé la couronne de laurier et la médaille sur le cœur de Vauban, et a prononcé le discours suivant :

« *Ombre* illustre d'un héros qui fut longtemps le boulevard de la France et la terreur de nos ennemis, intrépide guerrier, profond géomètre, habile homme d'état, sois sensible au tribut d'amour et de reconnaissance que nous t'offrons dans cette enceinte auguste, sous ces voûtes sacrées, où pendent les trophées de nos innombrables victoires. »

Le cœur du maréchal de Vauban ayant ensuite été remis à M. le maréchal, gouverneur des Invalides, M. le maréchal Serrurier l'a porté jusque sur le mausolée qui devait le recevoir, accompagné de LL. EE. les ministres et les maréchaux, de la famille de Vauban, des militaires et autres personnes du cortège. Le maréchal Serrurier a fait placer le cœur de Vauban, la couronne et la médaille dans l'urne d'albâtre qui termine la colonne funéraire ; l'urne a été scellée sur-le-champ.

La musique a exécuté une symphonie guerrière pendant cette cérémonie, qui a été terminée par une salve d'artillerie.

Nous récapitulerons les circonstances principales de cette vie active et glorieuse, en insérant ici la nomenclature des sièges faits par Vauban, et des places neuves qu'il a bâties, d'après l'état qu'en a dressé M. Allent, dans son histoire du corps du génie. Il fait précéder cette nomenclature des réflexions suivantes, que nous ne devons pas passer sous silence. « On trouve, dit-il, dans quelques auteurs, que Vauban a fait cinquante-trois sièges et bâti trente-trois places. D'autres augmentent ou diminuent ce nombre, selon qu'ils comptent ou négligent des sièges de peu d'importance, et qu'ils réunissent ou séparent les constructions des places, et des forts ou châteaux qui en dépendent. Aucun n'en donne l'état. Le voici tel que me l'ont fourni les matériaux de cette histoire. Comme il est des sièges ou des places qu'on peut ou non y comprendre, il est difficile d'en assigner le nombre avec exactitude. Ce nombre est d'ailleurs indifférent : de tels services se pèsent et ne se comptent pas. »

État des sièges faits, et des places neuves bâties par Vauban.

SIÈGES. — *Guerre de trente ans.* Sièges de Sainte-Menehould par les Espagnols, en 1652 ; de Sainte-Menehould par les Français, en 1653 ; de Stenai et de Clermont, en 1654 ; de Landrecies, de Condé et de Saint-Guislain, en 1655 ; de Valenciennes, en 1656 ; de Montmédy, en 1657 ; de Gravelines, d'Oudenarde et d'Ypres, en 1658. — Il reçut une blessure à Stenai, une autre à Valenciennes, trois à Montmédy. — Le siège de Gravelines est le premier qu'il ait conduit en chef.

Guerre de 1667. Sièges de Lille et de Douai, en 1667. — A Douai il reçut un coup de feu à la joue. — « Les matériaux que j'ai pu consulter, ajoute M. Allent, n'indiquent pas si Vauban eut quelque part aux sièges de Tournai, d'Oudenarde et d'Alost, faits par l'armée du roi, à laquelle il était attaché. »

Guerre de 1672. Sièges d'Orsoy, Rhinberg, Nimègue et autres places de Hollande, en 1672 ; de Maëstricht et de Trèves, en 1673 ; de Besançon et d'autres places de Franche-Comté, en 1674 ; de Dinant, Huy et Limbourg, en 1675 ; de Condé, Bouchain et Aire, en 1676 ; de Valenciennes, Cambrai et Saint-Guislain, en 1677 ; de Gand et d'Ypres, en 1678. — Il ne fit que déterminer les attaques de Trèves, en 1673, et partit ensuite pour rejoindre le roi en Alsace. Ce fut à Maëstricht qu'il fit, pour la première fois, usage des parallèles. A Aire, il reçut une nouvelle blessure.

Défense d'Oudenarde, en 1674. — C'est la seule des places dans lesquelles Vauban s'est jeté, qui ait été attaquée. La résistance des assiégés laissa le temps au grand Condé de faire lever le siège.

Guerre de 1683. Siège de Courtrai, en 1683; de Luxembourg, en 1684. — A Luxembourg, Vauban perfectionna les sapes et toutes les approches.

Guerre de 1688. Sièges de Philisbourg, Manheim et Franckenthal, en 1688; de Mons, en 1691; de Namur, en 1692; de Charleroi, en 1693; d'Ath, en 1697. — A Philisbourg, Vauban invente le ricochet; devant Ath, il perfectionne toutes les parties de sa nouvelle méthode d'attaquer les places. — Devant Ath, il reçoit une blessure légère.

Guerre de la succession. Siège de Brisach, en 1703.

PLACES NEUVES. — *Paix des Pyrénées.* Dunkerque, citadelle et forts extérieurs. — Cette place était en terre, et les Anglais venaient d'y commencer une mauvaise citadelle.

Les travaux commencés en 1661 embrassèrent tour à tour les fortifications, le port, les forts extérieurs et le camp retranché, construit par Vauban en 1706 un an avant sa mort. Dunkerque fut l'ouvrage de sa vie entière.

Paix d'Aix-la-Chapelle. Charleroi, Ath, la citadelle de Lille, la citadelle d'Arras, le fort de la Kenoque, la citadelle de Turin, l'agrandissement de cette place, Verrue et Verceil, presque entiers.

Ces dernières places furent construites sur les dessins donnés par Vauban au duc de Savoie, dans le voyage qu'il fit en Piémont avec Louvois. Le duc de Savoie, pour témoigner sa reconnaissance à Vauban, lui donna son portrait enrichi de diamants.

Paix de Nimègue. Maubeuge, Longwi, Sarre-Louis, Phalsbourg, citadelle de Strasbourg, Kelh, ville neuve de Brisach (qu'il ne faut pas confondre avec Neuf-Brisach, construit après la paix de Riswich), forts de Fribourg, Béfort, Huningue, port de Toulon, citadelle de Perpignan, Mont-Louis, Port-Vendre, fort d'Andaye, Saint-Martin de Ré, port de Rochefort, port de Brest, citadelle de Belle-Isle, fort Nieulay de Calais.

Trève de Ratisbonne. Mont-Royal, Landau, Fort-Louis du Rhin.

Paix de Riswick. Mont-Dauphin, Briançon, les Givets, Neuf-Brisach.

Les places des Alpes furent projetées, pendant la guerre, après l'invasion de 1692.

A Givet, Charlemont existait, et Vauban ne fit qu'y ajouter de nouveaux ouvrages. Ses projets sur les deux Givets et sur Briançon n'eurent qu'une exécution fort imparfaite.

Telles sont les places ou les forts que l'on range ordinairement parmi les nouvelles forteresses que Vauban a bâties.

Ce tableau ne donne, au reste, qu'une idée imparfaite et peu exacte des travaux de Vauban. Il y a telle place, comme Luxembourg, dont les nouveaux ouvrages sont plus importants que tel fort qui, comme Andaye, figure parmi les places neuves. On augmenterait beaucoup la liste de ces forteresses, si on voulait y mettre les forts isolés des côtés, les forts, à la mer en avant des ports; les forts exterieurs et les grands dehors des places, construits sur les dessins de Vauban.

La véritable manière de présenter ses travaux pour la défense des frontières, serait de rédiger une table analytique des places de guerre et des postes militaires sur lesquels il a donné des projets, des ouvrages qu'il y a proposés et de ceux qu'on y a exécutés. Mais ce tableau formerait seul un long mémoire, dont la rédaction, pour être exacte et instructive, coûterait beaucoup de temps et de recherches. Nous avons tâché d'en offrir la substance dans le cours de cette histoire.

M. Allent termine les particularités historiques qu'il a recueillies sur Vauban, par quelques observations sur un passage des mémoires du duc de Saint-Simon, relatif à la mort de Vauban.

Si l'on en croit Saint-Simon, le chagrin abrégea les jours de Vauban. Louis XIV, circonvenu par les gens de finance, reçut la *dixme royale* avec humeur, et le maréchal mourut, comme Racine, de la douleur d'avoir déplu au roi. Louis XIV aurait même paru peu sensible à la mort de cet homme illustre, « porté, dit le duc, dans tous les cœurs francais, célébré par l'Europe entière, et honoré même par les ennemis. »

Selon Dangeau, au contraire, Louis XIV, instruit de la maladie de Vauban, lui envoya son premier médecin. Fontenelle dit positivement que le maréchal mourut d'une fluxion de poitrine. Il souffrait depuis longtemps d'une toux opiniâtre, et sentait sa fin approcher. Aucun écrivain ne confirme l'anecdote du duc de Saint-Simon ; la dureté dont il accuse Louis XIV, s'accorde mal avec la modération ordinaire du roi ; et l'on a peine à concilier la faiblesse de Racine avec le caractère de Vauban, qui, dans tant d'occasions et sur des sujets bien plus délicats, n'avait jamais hésité de dire la vérité au roi, qui ne s'en formalisa jamais [1]. D'ailleurs la *Dixme royale* avait été présentée au roi peu de temps après la paix de Riswick, et loin d'être la cause d'une disgrâce pour Vauban, ce fut alors qu'il reçut les plus grandes faveurs de son souverain, qu'il fut nommé maréchal, qu'il reçut les ordres du roi, qu'il fut chargé d'enseigner au duc de Bourgogne l'art des sièges, qu'il reçut enfin, en 1706, une mission toute de confiance, celle de défendre la frontière du Nord. Ce fut, il est vrai, au retour de cette campagne, qu'il fit imprimer sa Dixme royale ; mais ce n'était pas dans le but de lui donner une grande publicité,

---

[1] « Rien n'égalait son dévouement au roi, si ce n'est la franchise avec laquelle il lui disait la vérité. Louvois, qu'il aimait comme son protecteur, l'impérieux Louvois trouva souvent cette franchise importune, et fut obligé de l'endurer. » Voilà ce qu'ont reconnu tous les biographes de Vauban. On pourrait citer une foule d'anecdotes et de faits qui prouveraient combien Vauban craignait peu de mécontenter Louis XIV, quand il s'agissait de lui dire la vérité ou de lui demander une chose juste. Pour n'en citer qu'un exemple, nous renvoyons nos lecteurs à la lettre de Garengeau, que nous citerons plus loin, et où l'on verra avec quelle liberté Vauban parlait et agissait avec Louis XIV.

puisqu'elle ne fut tirée qu'à un très-petit nombre d'exemplaires, destinés à quelques personnes seulement. La *Dixme royale* enfin n'était pas un libelle ; indépendamment du système d'imposition que ce livre expose, il est plein de recherches et de vues utiles ; il est écrit avec mesure, et retrace partout, non-seulement le zèle du bien public, mais aussi l'affection de Vauban pour Louis XIV. Sans doute il y signale des abus ; mais c'est avec cette modération et tout ensemble cette franchise et cette fermeté qui caractérisent l'homme de bien, l'ami sincère de son pays ; puis, à côté du mal, il présente le remède, bien différent en cela des frondeurs, qui comme Saint-Simon et ceux de son école, trouvent tout à blâmer, incriminent tout, attaquent tout, et semblent vouloir tout détruire et ne rien réédifier.

ABRÉGÉ DES SERVICES

DU

MARÉCHAL DE VAUBAN [1].

1651 Il entra dans le régiment de Condé, où il a porté le mousquet 2 ans en qualité de cadet.
1652 Sur la fin de cette année, dans la cavalerie, où il a servi un an.
1655 Ingénieur ordinaire du roi, cette année.
1656 Capitaine au régiment de La Ferté infanterie.
1663 Capitaine au régiment de Picardie. } Emplois détachés
1667 Lieutenant aux gardes. } du génie.
1668 Gouverneur de la citadelle de Lille.
1674 Brigadier d'infanterie.
1676 Maréchal-de-camp.
1678 Commissaire général des fortifications.
1680 Gouverneur de Douai.
1683 Derechef gouverneur de la citadelle de Lille.
1688 Lieutenant général.
1703 Maréchal de France.

[1] Nous empruntons ces documents à la brochure publiée par M. Augoyat, lieutenant-colonel du génie, in-8°, Paris 1839.

Années.	Nombre de sièges.	SIÈGES OU IL S'EST TROUVÉ, dont il a dirigé LES ATTAQUES.	NOMS DES GÉNÉRAUX sous lesquels CES SIÈGES ONT ÉTÉ FAITS
1653	1	Le 2ᵉ siège de Sainte-Menehould, sous le chevalier de Clerville..	M. le maréchal du Plessis.
1654	2	Stenay, sous le chevalier de Clerville Clermont, *idem*.	M. de Fabert. Le maréchal de La Ferté.
1655	3	Landrecies, Condé et Saint-Guislain.	Le maréchal de La Ferté et M. de Turenne.

Jusqu'ici en 2ᵉ; les suivants en 1ᵉʳ.

Années.	Nombre de sièges.	SIÈGES	NOMS DES GÉNÉRAUX
		Valenciennes (manqué).	Les mêmes.
1656	3	Condé et Saint-Guislain (assiégés sur nous).	MM. du Passage et de Schomberg.
1657	2	Montmédy. Mardick.	Le maréchal de la Ferté. M. de Turenne.
1658	3	Gravelines. Ypres et Audenarde.	Le maréchal de la Ferté. M. de Turenne.
1667	3	Tournai, Douai et Lille.	Le roi.
1672	2	Orsoy et Doesbourg.	Le roi.
1673	1	Maestricht.	Le roi.
1674	3	Besançon (ville et citadelle). Audenarde, assiégé et manqué par les ennemis.	Le roi. Rochepert, gouverneur.
1676	4	Condé. Bouchain. Aire et le fort François.	Le roi. Monsieur. Le maréchal d'Humières.
1677	4	Valenciennes, Cambrai (ville et citadelle). Saint-Guislain.	Le roi. Le maréchal d'Humières.
1778	4	Gand (ville et citadelle), Ypres (ville et citadelle).	Le roi.
1683	2	Courtrai (ville et cidadelle).	Le maréchal d'Humières.
1684	1	Luxembourg.	Le maréchal de Créqui.
1688	4	Philisbourg, Manheim (ville et citadelle), Franckendal.	Monseigneur.
1691	1	Mons.	Le roi.
1692	2	Namur (ville et citadelle).	Le roi.
1693	1	Charleroi.	M. de Luxembourg.
1697	1	Ath.	Le maréchal de Catinat.
1703	1	Vieux-Brisach.	Le duc de Bourgogne.
	48		

Nota. On ne compte pour sièges que les places où on a ouvert la tranchée et tiré du canon.

CHAPITRE IX.

Coup-d'œil sur les *Oisivetés* de Vauban. — Classement de ses principaux ouvrages. — Examen des mémoires ayant pour titre : *L'importance dont Paris est à la France; Mémoire sur les colonies; Idée d'une excellente noblesse.*

Pour achever de faire connaître Vauban, il nous reste à parler de quelques-uns de ses ouvrages, dont nous citerons même quelques fragments. Si, comme on l'a dit « le style est l'homme, » jamais cette pensée ne fut plus vraie qu'en l'appliquant à Vauban ; car jamais écrivain ne s'est mieux peint lui-même, et n'a exprimé avec plus de naïveté les sentiments dont son cœur était pénétré. A l'exception du Traité de l'attaque des places, de la Dixme royale et de quelques mémoires, les écrits de Vauban sont plus ou moins négligés. Plusieurs ne sont pas terminés. Il ne faut pas y chercher ce style élégant, correct des grands écrivains du siècle de Louis xiv ; les écrits de Vauban ont quelque chose de l'extérieur rude et inculte de leur auteur ; mais, sous une enveloppe presque grossière, tous, sans exception, sont remarquables par les observations solides et profondes, et par les vues nouvelles et ingénieuses ; tous brillent de quelque étincelle du génie qui l'animait ; tous respirent l'amour du bien public, de sa patrie et de l'humanité. On y retrouve aussi ce caractère religieux qui distingue les hommes éminents du grand siècle de Louis XIV, chez qui l'accomplissement des devoirs qu'impose la religion était toujours placé en première ligne et au-dessus de tous les autres devoirs.

« La vie et les ouvrages de Vauban, a dit un écrivain de nos jours [1], peuvent être un sujet d'étude philosophique ; car il ne fut pas moins recommandable comme homme de bien, comme *citoyen*, qu'il fut illustre comme ingénieur et comme guerrier. En se rappelant tout ce qu'il fit pour la gloire de la France, tout ce qu'il médita pour la rendre aussi heureuse au dedans qu'elle était puissante au dehors, on s'étonne qu'une partie de cette haute capacité soit demeurée sans emploi. Sous un roi comparable à Henri IV, Vauban eût fait plus et mieux que Sully ; mais Louis XIV n'eut besoin que des talents de l'ingénieur ; les pensées et les sujets du sage administrateur ne furent que les rêves d'un homme de bien. Si ces projets avaient reçu leur entière exécution, notre patrie n'aurait pas été exposée aux calamités qui l'assaillirent à la fin du siècle passé et au commencement de celui-ci. »

---

[1] L'auteur de la notice sur Vauban, dans le Dictionnaire de la conversation.

Un très-petit nombre des ouvrages de Vauban a été imprimé de son vivant et après sa mort ; le plus grand nombre est resté inédit jusqu'à nos jours [1]. A sa mort, ses manuscrits furent divisés. Les mémoires sur les places, qui se trouvaient dans son hôtel à Paris, ou dans la cidadelle de Lille dont il était gouverneur, furent envoyés au dépôt des plans et papiers du roi. Ces mémoires, ainsi que l'inventaire qu'on en dressa dans le temps, sont conservés au dépôt des fortifications.

Tout le reste, et tout ce qui se trouvait dans ses terres, fut laissé à sa famille, et partagé entre MM. les marquis d'Aunay et d'Ussé, ses deux gendres.

Ceux de M. d'Aunay se sont conservés, du moins en grande partie, dans la bibliothèque de MM. le Peletier de Rosanbo, son fils et son petit-fils.

Ceux de M. d'Ussé passèrent d'abord à son fils, qui mourut en 1772. Ils furent portés à cette époque chez Melle d'Ussé. Après la mort de cette dernière, les manuscrits se sont perdues ou dispersés.

Sept volumes, des douze qui composaient les Oisivetés, ont été perdus. Heureusement que beaucoup d'ingénieurs, plusieurs militaires, d'autres personnes avaient pris, du vivant même de Vauban, des copies de ses principaux ouvrages. C'est ainsi que quelques-uns de ces mémoires ont été conservés, et depuis

---

[1] M. Corréard, éditeur, a fait imprimer en 1841, 1842 et 1843 trois volumes extraits des Oisivetés de Vauban, qui n'avaien pas encore été publiés ; mais il reste encore beaucoup de mémoires inédits, soit au dépôt des fortifications, soit dans les bibliothèques publiques ou particulières.

remis au dépôt des fortifications. Des cinq volumes qui restent, celui qui porte le n.º 1.ᵉʳ appartient à M.ᵐᵉ la baronne de Valazé ; un autre, le quatrième, je crois, est la propriété de M.ᵐᵉ la baronne Haxo ; les trois autres sont déposés à la bibliothèque royale ; deux, qui sont les 2.ᵉ et 3.ᵉ, y sont depuis longtemps ; le troisième, contenant *l'instruction pour servir au règlement des garnisons et munitions nécessaires à la défense des places frontières*, a été donné en 1843 à la bibliothèque royale, par M. de Saluces, grand-écuyer de S. M. le roi de Sardaigne.

M. Allent divise la notice qu'il donne sur les ouvrages de Vauban, en trois sections.

La première comprend les mémoires sur les sièges (six articles), les places et les frontières (quatre articles) dont le plus remarquable est celui qui a pour titre : *L'importance dont Paris est à la France*), les canaux et les rivières navigables (quatre articles).

La seconde section, les œuvres militaires, ou traités généreux sur l'art de la guerre, au nombre de dix-neuf. Les principaux sont : *Traité de l'attaque des places. — Traité de la défense des places. — Traité des mines. — Traité des fortifications de campagne, ou camps retranchés. — Le livre de guerre*, ou traité des cinq principales actions militaires. — *Mémoire militaires, où sont exposés les défauts de notre infanterie, les moyens de la rétablir et de la rendre excellente*, etc. — *Mémoire concernant la levée des gens de guerre*, etc.

La troisième section comprend les œuvres diverses. — Les principaux mémoires de cette section, sont :

la *Dixme royale*. — *Mémoire sur le rétablissement de l'édit de Nantes*. — *Mémoires de Statistique*. — *Moyen de rétablir nos colonies de l'Amérique et de les accroître en peu de temps*. — *Traité de la culture des forêts*. — *Idée d'une excellente noblesse*. — *Mémoire concernant la course et les priviléges dont elle a besoin pour se pouvoir établir*, etc., etc., etc.

Tels sont les principaux ouvrages de Vauban. M. Noël, dans son éloge du maréchal, rappelle beaucoup d'autres mémoires de Vauban sur les sciences économiques, sur les finances, sur les douanes, sur le commerce, sur la marine militaire et marchande, sur la population, sur la géographie, sur diverses branches de l'histoire, et sur les mathématiques. Malheureusement une partie de ces mémoires est perdue.

Nous avons déjà parlé, dans le cours de cette histoire, de quelques-uns des mémoires importants de Vauban, nous n'ajouterons rien à ce que nous en avons dit. Nous n'avons pas intention d'entrer dans les mêmes détails sur tous les autres; un pareil travail remplirait plus d'un volume comme celui-ci; nous nous bornerons à présenter l'analyse, ou quelques extraits des trois mémoires, ayant pour titre: De l'importance dont Paris est à la France; sur les rétablissements des colonies, et sur la noblesse. — Cela suffira pour remplir le but que nous nous sommes proposé.

De l'importance dont Paris est à la France et du soin que l'on doit prendre de sa conservation.

Ce mémoire, qui fait partie de la première section, offre un grand intérêt d'actualité, dans ce moment où le projet de Vauban, sur les fortifications de Paris, est mis à exécution par une loi.

Il a été invoqué par tous les partisans du système adopté par cette loi ; il a été combattu pas ses adversaires ; on pense bien que nous n'avons nullement intention de reproduire aucune de ces discussions ; mais nous croyons qu'on lira avec plaisir l'opinion de Vauban sur un sujet d'une si grande importance, et où son jugement doit être d'un grand poids.

§ I.

« Si le prince est à l'état ce que la tête est au corps humain [1] (chose dont on ne peut pas douter), on peut dire que la ville capitale de cet état lui est ce que le cœur est à ce même corps ; or, le cœur est considéré comme le premier vivant et le dernier mourant ; le principe de la vie, la source et le siège de la chaleur naturelle, qui de là se répand dans toutes les autres parties du corps qu'elle anime et soutient jusqu'à ce qu'il ait totalement cessé de vivre.

---

[1] Ce n'est point un paradoxe, mais un axiome incontestable, de dire que le prince est, ou doit être à l'état, ce que la tête est au corps humain. (Note de Vauban.)

» Il me semble que cette comparaison se peut très-bien appliquer au sujet dont nous voulons traiter, vu qu'il n'y a point de ville dans le monde avec qui elle ait plus de rapport qu'à Paris, capitale du royaume de France, la demeure ordinaire de nos rois et de toute la maison royale, des princes du sang, des ministres, ducs et pairs, maréchaux de France et autres grands officiers de la couronne, des ambassadeurs des rois et principales têtes couronnées de la chrétienté; c'est le siège d'un célèbre archevêché et d'un clergé très-considérable, dans lequel sont compris plusieurs grosses et riches abbayes; celui de la principale cour de parlement du royaume et d'une très-grande quantité d'autres jurisdictions; le rendez-vous de toute la noblesse, des gens de guerre et de savoir de toutes espèces, même des étrangers qui s'y rendent en foule de toutes parts et de tous pays.

» C'est le vrai cœur du royaume, la mère commune des Français et l'abrégé de la France, par qui tous les peuples de ce grand état subsistent, et de qui le royaume ne saurait se passer sans déchoir considérablement de sa grandeur.

» Elle est très-bien située, tant à l'égard de la santé, du commerce et des commodités de la vie, que des affaires générales et particulières; peuplée d'une très-grosse bourgeoisie, et d'une infinité d'artisans de toutes espèces, parmi lesquels se trouvent les plus habiles ouvriers du monde en toutes sortes d'arts et de manufactures.

» Elle est d'ailleurs très-marchande, à raison du

changement perpétuel des modes, des grandes consommations qui s'y font, et du nombre infini de gens de qualité qui la remplissent.

» Comme elle est fort riche[1], son peuple encore plus nombreux, naturellement bon et affectionné à ses rois, il est à présumer, tant qu'elle subsistera dans la splendeur où elle est, qu'il n'arrivera rien de si fâcheux au royaume dont il ne se puisse relever par les puissants secours qu'elle peut lui donner. Considération très-juste, et qui fait qu'on ne peut avoir trop d'égard pour elle, ni trop prendre de précautions pour la conserver, d'autant plus que si l'ennemi avait forcé nos frontières, battu et dissipé nos armées et enfin pénétré le dedans du royaume, ce qui est très-difficile, je l'avoue, mais non pas impossible, il ne faut pas douter qu'il ne fît tous ses efforts pour se rendre maître de cette capitale, ou du moins la ruiner de fond en comble, ce qui serait peut-être moins difficile présentement (que partie de sa clôture est rompue et ses fossés comblés), qu'il n'a jamais été; joint que l'usage des bombes s'est rendu si familier et si terrible dans ces derniers temps, que l'on peut le considérer comme un moyen très-sûr pour la réduire à tout ce que l'ennemi voudra avec une armée assez médiocre, toutes les fois qu'il sera question de se mettre à portée de la bombarder[2].

[1] Paris contient en soi seul plus de moitié des richesses du royaume. (Note de Vauban.)

[2] Il n'y a point de ville en Europe, ni peut-être dans le monde, où l'effet des bombes soit plus à craindre qu'à Paris, toutes les fois que l'ennemi se pourra mettre à portée d'y en jeter. (Idem).

Or, il est très-visible que ce malheur serait un des plus grands qui pût jamais arriver à ce royaume, et que quelque chose que l'on pût faire pour le rétablir, il en s'en relèverait de longtemps et peut-être jamais [1].

» C'est pourquoi il serait à mon avis de la prudence du roi d'y pourvoir de bonne heure, et de prendre les précautions qui pourraient la mettre à couvert d'une si épouvantable chute.

» J'avoue que le zèle de la patrie, et la forte inclination que j'ai eue toute ma vie pour le service du roi et le bien de l'état, m'y a fait souvent songer; mais il ne m'a point paru de jour propre à faire de pareilles ouvertures par le grand nombre d'ouvrages plus pressés qui ont occupé le roi, tant sur la frontière, *qui a toujours remué depuis vingt-deux ans en ça* [2], que par les bâtiments royaux qu'il a fait faire, et par le peu de disposition où il m'a paru que l'esprit de son conseil était pour une entreprise de cette nature, qui sans doute aurait semblé à plusieurs contraire au repos de l'état, et à tous d'une

---

[1] On n'a jamais guère vu la perte d'une ville capitale d'un état, qu'elle n'ait été suivie de celle dudit état. (Note de Vauban.)

[2] C'est-à-dire qui a toujours changé. Ce passage a servi à fixer la date de ce mémoire à l'année 1689; en effet, c'est dans les vingt-deux années qui précèdent cette date, qu'ont eu lieu les traités d'Aix-la-Chapelle, de Nimègue, et la trêve de Ratisbonne, qui tous ont apporté des changements considérables aux frontières de France, et particulièrement à la frontière du Nord; et c'est aussi dans cette même période que se sont exécutés les plus grands travaux des places fortes, et les plus importantes constructions des *bâtiments royaux*.

très-longue et difficile exécution, quoique le roi ait entrepris et fait des choses qui la surpassent très-considérablement; joint que la prospérité de la France depuis vingt-cinq à trente ans avait si fort éloigné toutes les réflexions qui auraient pu donner des vues de ce côté-là, qu'il n'y avait nulle apparence de croire qu'une telle proposition dût être écoutée. Cependant cette pensée qui dans le commencement ne m'a passé que fort légèrement dans l'esprit, s'y est présentée si souvent qu'à la fin elle y a fait impression, et m'a paru digne d'une très-sérieuse attention; mais n'osant la proposer, à cause de sa nouveauté, j'ai cru du moins la devoir écrire, espérant qu'il se trouvera un jour quelque personne autorisée (*ayant de l'autorité*) qui, lisant ce mémoire, y pourra faire réflexion; et que poussé par la tendresse naturelle que tout homme de bien doit avoir pour sa patrie, il en parlera, et peut-être en proposera-t-il l'exécution, qui bien que difficile et de grande dépense, ne serait nullement impossible étant bien conduite.

» Après y avoir bien pensé, et cherché tous les moyens à tenir pour pouvoir mettre cette grande ville dans une sûreté parfaite, contre tous les accidents de guerre qui pourraient la menacer, je n'ai trouvé que l'expédient qui suit de bien raisonnable. Il est simple et fort cher à la vérité, mais très-assuré, ainsi qu'on le verra ci-après, sur quoi il est à remarquer: premièrement, que je n'ai nul égard aux surprises ni aux intelligences particulières, cette ville étant trop peuplée pour que l'on puisse rien entreprendre contre elle sans faire de gros mouvements de troupes qui découvriraient tout ; joint que ce que j'ai à proposer est directement opposé à toutes les mauvaises subtilités que l'on pourrait mettre en pratique à cet égard ; et secondement, que je ne prétends mettre en avant que ce qui est nécessaire contre la bombarderie (bombardement), les sièges réglés et les blocus, qui sont les seuls moyens qui paraissent capables de la pouvoir réduire. Venons au fait. »

Vauban proposa d'abord de rétablir la vieille enceinte de Paris, c'est-à-dire celle qui suivait ce que nous appelons les boulevards intérieurs. Cette enceinte, construite au seizième siècle, était encore en bon état pendant les troubles de la Fronde ; mais depuis longtemps elle était abandonnée, et tombait en ruines.

Mais ce n'était pas cette enceinte à laquelle Vauban attachait le plus d'importance. Après avoir dit, dans les trois premiers articles de son projet, ce qu'il faut faire pour réparer la vieille enceinte, il arrive à son grand projet.

§ IV.

« Cette première enceinte étant mise en sa perfection, en faire une seconde (on ferait aussi bien de commencer par celle-ci, ajoute-t-il en note), à la très-grande portée du canon de la première, c'est-à-dire à mille ou douze cents toises de distance, occupant toutes les hauteurs convenables, ou qui peuvent avoir commandement sur la ville comme celles de Belleville, de Montmartre, Chaillot, faubourg Saint-Jacques, Saint-Victor, et tous les autres qui pourraient lui convenir [1].

§ V.

» Bastionner ladite enceinte, ou l'armer de tours bastionnées, la très-bien revêtir et terrasser, et lui faire un fossé de dix-huit à vingt pieds de profondeur sur dix à douze toises de largeur, revêtu de maçonnerie.

VI.

» Faire toutes les portes nécessaires par rapport à celles de la ville, avec leurs corps-de-garde, devant lesquelles portes il faudrait faire des demi-lunes aussi revêtues de même que partout ailleurs où il en sera besoin, les environnant de fossés approfondis et revêtus comme ceux de la place.

VII.

» Faire aussi des *contre-gardes* à l'entour des tours bastionnées, si on les préfère aux bastions, revêtues jusqu'à la hauteur du parapet du chemin couvert, et le surplus de leur élévation de terre gazonnée ou plaquée, observant toutes les façons nécessaires à ces remparts et chemins couverts, et de donner à ces derniers au moins six toises de large, en considération des assemblées qui s'y feront pour les sorties. On pourrait après planter tout le terre-plein et les

---

[1] Cette enceinte est à peu près celle qui est aujourd'hui en construction.

talus des remparts, d'ormes et autres bois particulièrement destinés aux besoins de cette fortification, sans jamais permettre qu'il en fût coupé pour autre usage que pour le canon, les palissades et fascines.

VIII.

» Prolonger ladite enceinte et la continuer au travers de la rivière, afin d'éviter le défaut par lequel Cyrus prit Babylone. »

Dans l'article IX, Vauban proposa de construire deux fortes citadelles sur les bords de la Seine, l'une au-dessus et l'autre au-dessous de la ville, afin de *maintenir Paris dans le devoir*, « car, dit-il, une ville de cette grandeur, fortifiée de cette façon, pourrait devenir formidable, même à son maître. »

X.

« Mais comme ce ne serait pas suffisamment pourvoir à la sûreté de cette grande ville, que d'y faire beaucoup de fortifications, sans la garnir en même temps de munitions de guerre et de bouche nécessaires, il y faudrait bâtir des magasins à poudre capables d'en contenir dix-huit cent milliers ou deux millions; des arsenaux pour toutes les autres sortes de munitions de guerre nécessaires, et des caves et magasins à blé en suffisante quantité; ces derniers pour pouvoir contenir deux millions et plus de setiers de blé, des légumes et des avoines à proportion; ce qui se pourrait facilement faire peu à peu, en prenant le temps que les blés sont à bon marché.

XI.

» Ces précautions seraient d'autant plus utiles que dans les chères années, le peuple à qui l'on pourrait vendre de ces grains à un prix modique s'en trouverait soulagé, et qu'aux environs de Paris, à quarante lieues à la ronde et le long des rivières navigables, les blés s'y vendraient toujours à un prix raisonnable, dans le temps que la grande abondance les fait donner à vil prix, à cause des remplacements à faire dans les magasins ; ainsi les fermiers seraient mieux en état de payer leurs maîtres, qui perdraient moins sur leurs fermes, et le pauvre peuple serait toujours soulagé dans ses misères. J'ai dit deux millions de setiers de blé et plus, parce que je suppose que, dans un temps de siège, la bourgeoisie de Paris, jointe à ceux qui s'y réfugieraient des environs, et aux troupes renfermées entre la première et la seconde enceinte, pourraient bien faire le nombre de sept à huit cent mille âmes, auquel cas il leur faudrait, pour une année, aux environs de deux millions cent mille setiers de blé, parce que chaque personne en consomme près de trois setiers par an pour sa nourriture ; outre cette quantité, dont il est bon d'être assuré,.... on devra faire *amas* de tous les bœufs, moutons, chairs fraîches et salées, volailles, fromages, légumes de toutes sortes, etc. qui se pourront trouver.

XII.

» Faire garnir les ports de tous les bois de moule

que l'on y pourrait faire descendre, ce qui serait fort aisé, et y amasser beaucoup d'avoines et de foin pour la cavalerie, paille hachée et non hachée. Plus quantité de vin, d'eau-de-vie, d'orge et de houblon pour faire de la bière ; du sel en quantité suffisante pour l'usage ordinaire et pour les salaisons, et généralement tout ce que l'on pourrait avoir besoin, et imaginer capable de pouvoir faire subsister cette grande multitude un an durant, et surtout avertir de bonne heure les chefs de familles et gens aisés de se fournir de moulins à bras, de fours, de blés, et de gouverner sagement leurs provisions pendant un siège, ne les consommant que très à propos.

XIII.

» Cela une fois établi, et la place munie de dix-huit cents à deux millions de poudre, de quatre cents pièces de canon, de soixante à quatre-vingt mille mousquets et fusils dans les magasins, et d'autres armes à proportion, outre celles que les particuliers auraient chez eux ; si, dans un temps que toute la terre serait liguée contre nous, il arrivait que la frontière fût forcée et la ville en péril d'être assiégée, quelque malheur qu'il pût arriver à nos armées et au surplus du royaume, il est probable qu'elles ne seraient jamais tellement défaites, que le roi ne fût toujours en état de retirer vingt-cinq à trente mille hommes dans l'entre-deux des enceintes, auxquels Paris pourrait en joindre huit à dix mille d'assez bons, levés dans l'enclos de ses murailles, sans toucher à la garde ordinaire des bourgeois qui ne laisserait pas d'aller son train; moyennant quoi j'estime qu'il n'y a point dans la chrétienté d'armée, quelque puissante et formidable qu'elle pût être, qui osât entreprendre de bombarder Paris, et encore moins de l'assiéger dans les formes; vu, premièrement, qu'il ne leur serait pas possible de l'approcher d'assez près pour pouvoir tirer des bombes jusque dans l'enclos de la ville, à cause de la deuxième enceinte, qui les tiendrait éloignés à trois grands quarts de lieue de la première; secondement, qu'il ne serait pas possible à une armée de deux cent mille hommes de la prendre par un siège forcé, à cause de l'étendue de sa circonvallation, qui, ayant douze à treize grandes lieues de circuit, l'obligerait d'étendre fort ses quartiers, qui en seraient par conséquent affaiblis, et à se garder partout également, sous peine d'en voir enlever tous les jours quelqu'un; troisièmement, qu'il ne pourrait entreprendre deux attaques séparées, puisque, pour pouvoir fournir à la garde des tranchées, il faudrait employer plus de trente-cinq mille hommes, sans compter les travailleurs et gens occupés aux batteries; quatrièmement, qu'il ne pourrait point le faire par deux attaques liées, attendu que, pour pouvoir fournir à la même garde, il y aurait tels quartiers qui auraient trois journées de marches à faire, et autant pour s'en retourner, ce qui les mettrait dans un mouvement perpétuel qui ne leur laisserait aucun repos; cinquièmement, que, dès le douze ou quinzième jour de tranchée, pour peu qu'il y eût eu d'occasions, leurs forces seraient considérablement diminuées, et leurs troupes obligées de monter de trois à quatre jours l'un, auquel cas elles ne pourraient pas relever, à cause de l'éloignement des quartiers; à quoi il faut ajouter que les fréquentes sorties, grandes et petites, qui se feraient à toute heure par de si grandes troupes, le grand feu qui sortirait des remparts et chemins couverts, et la grande quantité de canons dont elle pourrait se servir, empêcheraient les travailleurs de faire chemin, et réduiraient ce siège à une lenteur qui, ayant bientôt épuisé leurs armées d'hommes et de munitions, les contraindrait à lever honteusement le siège.

XIV.

» *De la prendre par famine :* il ne sera pas possible non plus, vu que, si la ville était pourvue comme nous venons de dire, elle aurait des vivres pour un an et plus, moyennant quoi il n'y a point d'armée qui pût subsister si longtemps devant Paris, parce qu'il est à présumer que la plupart des vivres qui se trouveraient à quinze lieues à la ronde, aussi bien que les habitants, auraient été retirés dans la ville. Je dis même que les armées, qu'il y faudrait pour y pouvoir simplement former un blocus, n'y pourraient pas subsister ce temps-là. Or, du moment qu'elles ne pourraient plus tenir la campagne, les assiégés seraient en état de s'y mettre et de les aller chercher dans leurs quartiers, qui, étant séparés et nécessairement éloignés les uns des autres, ne pourraient pas se maintenir....

XV.

« Au reste, bien que le temps qu'il faudrait employer à toute cette fortification, et la dépense nécessaire à sa construction, paraissent d'abord très-considérables, cela n'irait pas si loin que l'on pourrait bien penser, et j'estime que, en se servant un peu du travail des troupes, on pourrait venir à bout de bâtir les deux enceintes avec les citadelles, et tous les bâtiments intérieurs et extérieurs qui leur pourraient convenir, en douze années de temps bien employées, et que, pour la dépense, *vingt-quatre millions* pourraient suffire abondamment, en bâtissant noblement et avec toute la solidité requise à de tels ouvrages [1].....

» En voilà assez pour faire concevoir l'idée qu'on doit avoir de la grandeur et conséquence de Paris par rapport à la guerre. C'est à ceux qui aimeront véritablement le roi et l'état, et qui se trouveront en situation convenable pour le pouvoir proposer, d'examiner à fond cette proposition, et si, après l'avoir bien examinée, on la trouve digne d'une sérieuse attention, de lui donner toute l'étendue qu'elle mérite ; après quoi, si la résolution suit, il sera facile d'en faire le projet, et ce sera pour lors qu'il en faudra régler tous les desseins généraux et particuliers

---

[1] On peut comparer l'estimation de Vauban avec le prix alloué pour les fortifications par la loi de 1841. En observant toutefois que le marc d'argent a doublé de valeur, et que les travaux, en y comprenant les forts détachés, sont beaucoup plus considérables que ceux proposés par Vauban.

avec toutes les instructions nécessaires à leur exécution, auxquelles il faudra ajouter l'examen des propriétés de cette ville, le dénombrement de son peuple effectif, celui à peu près dont il pourrait augmenter en cas de siège, afin de diriger sur telles vues les bâtiments, les magasins et arsenaux qu'il y faudra faire. Ce dessein ne se pourra exécuter que dans une paix profonde, et après avoir réglé et affecté les fonds que le roi voudra annuellement y dépenser, desquels il ne faudra souffrir aucune distraction pour quelque raison que ce puisse être. Je suis persuadé qu'il y faudra bien employer dix ou douze années de temps pour la pouvoir totalement finir.

» Au surplus, je répète encore que la dépense de ces ouvrages n'est pas ce qui en doit rebuter le roi, puisqu'il ne sortira pas une pistole du royaume; ce sera un argent remué aux environs de Paris, qui donnera à vivre à quantité de pauvres gens, et fera que les autres en paieront mieux la taille, parce qu'il s'y fera plus de consommation. Et pour conclusion, cet argent faisant sa circulation un peu plus vite qu'à l'ordinaire, reviendra toujours à son centre beaucoup mieux que de toute autre façon. »

On a vu que Vauban n'avait pas écrit son mémoire pour en faire usage au moment où il le composait. Mais en 1705 ou 1706, après les malheurs qu'avait entraînés la guerre de la succession, il présenta son travail à Louis XIV, en y ajoutant un mémoire particulier dans lequel il cherche à prouver que « *les fortifications de Paris sont un ouvrage indispensable*,

si l'on veut mettre le royaume en parfaite sécurité. »
C'est cette circonstance qui a fait penser à plusieurs personnes que l'écrit sur *l'importance dont Paris est à la France* n'avait été rédigé qu'en 1706, tandis qu'il l'était depuis plus de quinze ans. Ce fait serait assez indifférent en lui-même et n'aurait pas mérité d'être relevé, si quelques écrivains *anti-fortificationistes* n'avaient voulu en conclure que ce mémoire était l'ouvrage de l'extrême vieillesse de Vauban, et que probablement à cette époque ses facultés étaient affaiblies. Nous n'avons pas à nous expliquer sur le mérite du mémoire en lui-même; mais, si on a lu attentivement cette histoire, on reconnaîtra que quand même Vauban l'aurait composé l'année qui précéda sa mort, il avait joui jusqu'à ses derniers moments de la plénitude de ses facultés.

§ II.

Parmi les œuvres diverses de Vauban, il est un mémoire auquel notre situation actuelle en Algérie donne un intérêt particulier, facile à apprécier : c'est celui qui a pour titre :

Moyen de rétablir nos colonies d'Amérique et de les accroître en peu de temps.

Ce mémoire porte la date du 28 avril 1699. Le moyen proposé par Vauban consiste dans l'établissement de colons militaires. Sans doute les temps sont bien changés depuis 1699, et le Canada et l'Algérie sont des pays bien différents; cependant on peut trouver, dans le mémoire de l'illustre ingénieur, des idées utiles et applicables à notre colonie du nord de l'Afrique [1].

Vauban commence par des considérations générales sur les colonies, qui ont été l'origine des plus grandes monarchies. « La terre, dit-il, ne s'est peuplée que par elles, et sans leur secours elle aurait mis bien plus longtemps à se peupler qu'elle n'a fait. »

Il assigne trois causes à l'établissement des colonies : la nécessité, le hasard, la raison ; d'où il distingue trois sortes de colonies, qu'il appelle *colonies forcées, colonies de hasard,* et *colonies de raison.* « Les premières et les plus anciennes de toutes ont été sans doute les *forcées;* celles-ci furent composées de gens que les crimes ou les mauvais traitements de leurs concitoyens obligèrent à la fuite. C'est ainsi que Caïn, ayant tué Abel, s'enfuit et s'en alla habiter une terre étrangère, loin de la vue de ses père et mère ; c'est ainsi qu'Assur, chassé par Nemrod de Babylone, où il avait commencé de s'établir, s'en alla bâtir Ninive; c'est encore ainsi qu'Enée, fuyant le sac de Troie, vint habiter en Italie et bâtir Lavinium, et que Didon, fuyant la persécution de son frère, qui avait déjà tué son mari, alla s'établir en Afrique, où elle bâtit Carthage. Plusieurs milliers d'autres, pour de pareilles et semblables causes, ont quitté les pays de leur naissance pour se dérober à la vengeance de leurs persécuteurs ou de ceux qu'ils

---

[1] Ces réflexions ont déterminé M. Corréard à publier pour la première fois ce mémoire, qui fait partie du tome IV des Oisivetés, appartenant à Mme la baronne Haxo.

avaient offensés, en cherchant des demeures qui, par leur éloignement, pussent les mettre à couvert de leurs ressentiments. C'est à mon avis, ce qui a produit les premières peuplades détachées du gros des hommes, qui ont été d'autant plus faciles que la plus grande partie de la terre habitable étant encore vide, l'occupation ne leur en fut que peu ou point disputée.

» Les colonies de *hasard* ne sont arrivées qu'après l'invention de la navigation. Les tempêtes et les égarements de la mer ayant causé une infinité de naufrages dans le monde, tous les hommes à qui ces malheurs arrivèrent ne périrent pas; il s'en sauva plusieurs, et parmi ceux qui en réchappèrent, il y en eut où il se trouva des femmes, qui ont donné lieu à plusieurs peuplades. Il y a grande apparence que plusieurs îles ont été habitées de la sorte, et que les premiers peuples de l'Amérique y ont été transportés de cette façon. Il n'est pas impossible aussi qu'il n'y en soit passé beaucoup des parties septentrionales de la Tartarie, que l'on croit en approcher assez près, et dont les peuples, au dire des relations plus modernes, qui ressemblent beaucoup à ceux de l'Amérique, vont souvent pêcher à l'embouchure des grandes rivières qui se jettent dans la mer du Nord, qui sont fort poissonneuses, où ils campent et baraquent sur les glaces, lesquelles, venant quelquefois à se rompre et se détacher par les tempêtes, emportent des familles entières jusque sur les côtes les plus prochaines de l'Amérique.

» Il y a beaucoup d'apparence que plusieurs de

ces habitants y ont été jetés malgré eux par ces accidents. Une raison qui me persuade ceci : outre la proximité des terres, sont de grands ours blancs, très-maigres, qui abordent quelquefois sur des pièces de glace, dans les parties septentrionales de l'Amérique, où ils ne sont pas naturels, au lieu qu'il s'en trouve assez communément dans les côtes du Groenland, de Norwège et de Nova-Zembla.

» La troisième espèce de colonies, que j'appelle de *raison*, sont celles qui ont été faites par délibération de conseil, soit par les princes souverains, par les républiques ou par des particuliers associés. Celles-ci ont été faites à plusieurs fins : les unes pour se décharger d'une partie de leurs peuples, quand les pays ne pouvaient plus les nourrir ; les autres par ambition ou désir de s'accroître, comme les Phéniciens et les Egyptiens, qui en transportèrent autrefois plusieurs en Grèce et sur les côtes d'Afrique ; les Grecs, par l'établissement des Ioniens en Asie, et par quantité d'autres en Afrique et en Europe, notamment en Italie. Les Phocéens, quand ils bâtirent Marseille, le firent pour se décharger d'une partie de leurs peuples, leur pays ne pouvant plus les nourrir. Les autres l'ont fait pour occuper des pays mal habités par des nations barbares, ou pour tenir en bride des peuples nouvellement conquis et dont ils avaient sujet de se défier.

» Les Phéniciens et les Egyptiens me paraissent avoir été les premiers inventeurs de celles qui se sont faites par délibération de conseil, ce qui a été depuis fort en usage chez les Grecs et les Romains, qui s'en sont servis très-utilement, et chez toutes les nations civilisées de l'antiquité, les uns d'une façon, et les autres de l'autre, mais tous pour s'assurer de la domination des pays nouvellement conquis ou occupés, où ils faisaient ces établissements, qui ont depuis, et en assez peu de temps, produit un très-grand nombre de belles villes, parmi lesquelles il s'en est trouvé plusieurs, qui sont devenues capitales de très-grands états. Cette méthode, qui a été comme assoupie près de mille ans, c'est-à-dire depuis le Bas-Empire jusque vers l'an 1400 de notre salut, s'est fort renouvelée depuis la découverte des Indes orientales et occidentales, par les Espagnols, Portugais, Français et Anglais, qui ont rempli une grande partie de l'Amérique et des Indes de colonies, mais d'une manière bien différente des anciens ; d'autant plus que ces dernières ont toutes été commencées avec peu de monde, manquant la plupart du nécessaire, et plutôt en vue de profiter des richesses des pays, que par dessein de les peupler ; ce qu'il y a même de remarquable dans les modernes, est que la plus grande partie ont été entreprises par des particuliers qui ont jeté les fondements de celles que nous voyons aujourd'hui, qui auraient incomparablement mieux réussi si elles avaient été fondées par les rois après mûre délibération de conseil ; parce que les particuliers n'ont ni la force ni l'autorité nécessaire à pouvoir soutenir de pareils établissements, qui, dans les commencements, sont toujours petits, périlleux, pénibles, de beaucoup de dépenses et souvent ingrats, ce qui a fait que la plupart de celles qui ne sont pas péris, languissent et n'ont pu se lever comme elles auraient fait, si elles avaient eu des fondateurs plus puissants qui s'y fussent affectionnés.

» Les Hollandais sont ceux des modernes qui me paraissent s'y être le mieux pris et avoir observé le plus de règles dans l'établissement des leurs ; aussi leur ont-elles bien réussi par rapport aux autres, notamment dans les Indes orientales, où, bien que le climat soit très-différent du leur, elles n'ont pas laissé de prospérer ; et il y a beaucoup d'apparence qu'elles prospèreront toujours de mieux en mieux, et qu'ils s'y rendront les seuls maîtres du commerce dans la suite...... Les colonies anglaises ont presque toutes été entreprises par des particuliers associés (des compagnies) ; elles ont eu assez de peine à s'établir dans les commencements, mais présentement elles prospèrent très-bien. »

Après ces considérations générales, il propose les moyens qu'il croit propres à mettre sur un bon pied nos colonies du Canada et des îles d'Amérique.

Il s'occupe d'abord des établissements ecclésiastiques. Il voudrait qu'il n'y eût point de monastères rentés, mais seulement des ordres mendiants ; que l'on y établit un séminaire pour élever de bons ecclésiastiques séculiers, destinés à devenir curés et vicaires de paroisse ; que ces prêtres y fussent honnêtement entretenus, avec des traitements convenables, et que leur nombre fût suffisant pour desservir le pays, sous la surveillance « d'un ou plusieurs évêques, gens de bien et d'une vertu apostolique. »

Il voudrait ensuite que l'on supprimât «toutes ces

sociétés de marchands, à titre de compagnies privilégiées, qui survendent les marchandises qu'ils portent aux colonies, et qui, par l'extension de leurs priviléges, les empêchent de commercer avec d'autres et de se procurer, par le moyen de leur industrie, plus commodément le nécessaire, ce qui les ruine et les dégoûte. » Il voudrait donc la liberté entière du commerce, comme le moyen le plus favorable à l'accroissement des colonies naissantes.

Il propose en troisième lieu de ne faire aucun établissement avant d'avoir bien reconnu le pays un an ou deux à l'avance, tant celui qui est déjà habité que ceux qui ne le sont pas encore, et qui sont susceptibles de l'être. Cette reconnaissance devrait être faite par les ingénieurs et des gens entendus et bien sensés, capables d'entrer dans l'esprit général qui doit animer de pareilles entreprises. Il recommande d'observer exactement dans le choix qu'on fera des situations nouvelles : « 1.º *la qualité de l'air*, qu'il faut choisir le meilleur qu'il sera possible ; 2.º *celle des eaux*, étant très-important qu'elles soient potables et très-bonnes à boire dans tous les lieux habités ; 3.º *la fertilité du pays*, qui se connaîtra par la grandeur et la beauté des arbres et des herbes, par le fond et la qualité des terres ; 4.º *la facilité du commerce* auquel on parviendra en se mettant sur les bords, et encore mieux sur les fourches des rivières navigables qui ont leur embouchure à la mer ; 5º *les avantages des situations* par rapport à la fortification, à la facilité de bâtir et éviter les commandements, et d'avoir le moins de clôture à faire qu'il se pourra pour se fermer; 6.º *la commodité* de quelques petites rivières ou ruisseaux assez forts pour faire tourner continuellement plusieurs roues de moulins à la fois; 7.º *un grand territoire fertile* où il y ait apparence de pouvoir faire quantité de labourages, de bons et excellents pâturages et beaucoup de prairies; 8.º *quelques bonnes côtes* bien exposées pour y planter des vignes, et encore de quoi faire et conserver des forêts, dont le crû des bois soit de bonne qualité pour les bâtiments et bien à l'usage des habitants. »

Après avoir déterminé le choix des localités propres aux nouveaux établissements, il propose de former cinq ou six bataillons destinés uniquement à fonder les nouvelles colonies, élever les constructions, défricher les terres, etc., etc., en un mot faire tous les premiers travaux d'établissement. Ces bataillons se relèveraient tous les cinq ans pendant trente années de suite; tous ceux des officiers et soldats qui voudraient se marier auraient la permission de le faire, et d'amener leurs femmes avec eux; on tâcherait de composer les compagnies de ces bataillons, le plus qu'il serait possible, de gens de métier comme charpentiers, charrons, tourneurs, menuisiers fendeurs, scieurs de long, maréchaux, taillandiers, couteliers, serruriers, cloutiers, potiers de terre, briquetiers et tailleurs de pierres, chaufourniers, charpentiers de moulins, de bateaux, laboureurs, jardiniers, vignerons, etc., et de rendre ces compagnies les plus fortes et complètes qu'il serait possible. » Elles seraient toujours tenues au complet par les recrues qui leur seraient envoyées chaque année, comme si les bataillons tenaient garnison en France. Lorsqu'après les cinq ans expirés on ferait relever le bataillon, chaque homme qui le compose, officier ou soldat, aurait la faculté de demeurer ou de revenir en France. Ceux qui désireraient rester, partageraient les terres qu'ils auraient défrichées, et les maisons qu'ils auraient bâties; de plus ils continueraient de recevoir leur solde sur le même pied qu'auparavant, pendant cinq autres années.

Il entre ensuite dans le détail de tous les objets qui seront nécessaires aux bataillons, et dont il faudra les munir au moment de leur départ pour la colonie; il n'oublie rien de ce qui leur sera nécessaire pour l'habillement, le couchage, l'ameublement, les approvisionnements de toutes espèces, et il entre sur tout cela dans les détails qui prouvent à quel point ce génie vaste et profond embrassait une question dans tout son ensemble et jusque dans ses moindres parties. Il suit ces bataillons coloniaux dans leur traversée, et à leur débarquement; puis il indique les premiers travaux à faire, « après toutefois qu'on les aura fait reposer douze ou quinze jours, » observation bien digne du cœur de Vauban. Il trace ensuite les camps que devront occuper les nouveaux débarqués, qui commenceront par la construction des baraques et des retranchements, destinés dans la suite à devenir des villes, comme la plupart des corps romains le sont devenus.

« Quoi fait et bien achevé, continue-t-il, il faudra appliquer une partie des troupes à défricher pour faire des jardins (ceci est fort important), les semer et planter, en sorte que chaque chambrée en puisse avoir un d'une étendue raisonnable dans le camp même, pendant que l'autre partie travaillera avec les charpentiers et maçons à bâtir une église provisoire et des magasins pour les outils et les munitions de guerre ou de bouche, un hôpital et quelques moulins....; et après que les retranchements, l'église et les moulins, baraques et jardins seront faits et bien achevés, les rues réglées, le dedans du camp bien aplani, il faudra s'appliquer uniquement au défrichement pour faire des terres à blé et des prairies, y employant les deux tiers ou la moitié des bataillons, pendant que l'autre travaillera à cultiver les jardins, fournir aux gardes, amasser et débiter du bois pour le chauffage, soigner les bestiaux, cultiver et ensemencer les terres défrichées, aller à la chasse et à la pêche, faire des chemins, des fronts et bateaux, et à servir les maçons, etc. De cette façon, supposé qu'un bataillon puisse fournir 200 à 250 hommes par jour au défrichement, s'ils sont bien employés et qu'ils travaillent huit heures par jour, qui n'est pas trop, ils pourront défricher un arpent et demi par jour, environ trente arpents par mois (ne comptant que vingt jours par mois seulement, le surplus allant pour les dimanches et fêtes qu'il faudra bien observer, et les jours de mauvais temps), ce qui fera quelques 300 arpents par an, qu'il faudra mettre en culture le plus tôt qu'il sera possible, premièrement à la pioche et secondement à la charrue. Ce défrichement étant bien fait et vivement poussé, il s'en trouvera 12 à 15000 arpents par bataillon, et peut-être plus à la fin des cinq années de temps; lesquelles expirées, il faudra relever les troupes et avant cela partager les terres, bestiaux et bâtiments à ceux qui voudront y demeurer, à chacun suivant son grade, c'est-à-dire au capitaine à raison de six parts, au lieutenant de quatre, au sous-lieutenant trois, au sergent deux, et aux soldats chacune une; leur faire ce don gratuitement pour la première fois, et en toute propriété, sous la charge seulement de deux redevances au roi; l'une à chaque mutation qui pourrait être réglée au vingtième de la valeur des fonds, et l'autre à un vingtième annuel du revenu qui sera imposé pour la taille, dont nul ne sera exempt. Encore ces redevances ne devront-elles arriver qu'après le temps des exemptions expiré, qui pourra être limité à trente années, temps fixé pour celui de six relevées consécutives des bataillons. Il faudra faire après cela la séparation des relevés d'avec les demeurants, et les loger à part et séparément les uns des autres. Après ces partages faits, remettre ceux qui resteront en compagnies franches, chacune sous les mêmes obligations où ils étaient auparavant, et leur continuer conséquemment la paye et à leurs femmes aussi demi-payes pour cinq autres années, pour les aider à vivre, à se bâtir et meubler, et leur faciliter le moyen d'avoir des bestiaux. Il est certain que bonne partie des bataillons y demeurera volontiers à ce prix. »

« Les premiers bataillons étant enfin relevés, les nouveaux venus rempliront les baraques vides, en bâtiront de nouvelles, s'il est besoin; après quoi ils se mettront incessamment à l'œuvre pour continuer les mêmes ouvrages que ceux qu'ils auront relevés, c'est-à-dire bâtir et défricher, semer et planter, élever du gros et menu bétail et de la volaille, ce qui sera beaucoup facilité par les premiers habitants; j'appelle de ce nom ceux qui seront restés des premiers bataillons, parce qu'il est à supposer qu'ils auront déjà quelques établissements.

» Les deuxièmes ayant rempli leur temps de travailler à l'accroissement des colonies sur le pied des premiers, il faudra les relever comme eux et partager avant leur départ ce qu'ils auront défriché aux demeurants, qui s'y habitueront encore plus volontiers que ceux des premiers bataillons, parce qu'il y aura plus de commodités et de compagnies, et qu'on commencera à voir clair dans ces établissements. Je présume qu'il s'y trouvera pour lors suffisamment de quoi vivre du crû du pays, attendu que vraisemblablement il y aura pour lors quantité de bonnes terres en culture, des charrues établies, de bonnes prairies, nombre de gros bétail, de brebis, cochons et volailles domestiques de toutes espèces, et beaucoup de jardinage, ce qui, joint à la chasse et à la pêche, les mettra en état de vivre fort commodément. Je tiens même que chaque ville (c'est ainsi qu'il faudra les appeler) sera plus qu'à demi bâtie, et que, si on s'en est donné les soins requis, il y pourra avoir des tisserands, des chapeliers, drapiers, tanneurs, cordonniers, corroyeurs, sabotiers, etc. d'établis, outre les autres gens de métier ci-devant énoncés ; car tout cela se peut fort bien faire en dix années de temps, selon la peine et les soins que ceux qui seront chargés de l'administration de ces colonies s'en donneront, aidés qu'ils seront de quelques dépenses de la part du roi, parce que ces métiers étant fort communs, il s'en trouve ordinairement de toutes ces espèces dans les troupes ; il ne faudra que leur faire des boutiques fournies d'outils nécessaires pour la première fois.

» Il sera nécessaire de soutenir ce que dessus par une bonne police bien réglée, et de bonnes ordonnances bien sensées et observées à la lettre, et entre autres défenses :

1.° De s'écarter à plus de dix à douze lieues des quartiers, pour quelque raison que ce puisse être sans ordre ou permission expresse des commandants ;

2.° De dérober, voler ou filouter, sous peine de la vie, pour l'exacte observation de laquelle ordonnance il faudra avoir une très-grande sévérité ;

3.° Les blasphèmes et jurements de Dieu, les impiétés, sacrilèges, la profanation et manque de respect dans les églises ;

4° Les fautes causées par l'ivrognerie, les désordres de mœurs, les mauvaises passions, les assassinats, battre ou frapper quelqu'un par emportement, etc. ;

5.° La diffamation et les injures publiques contre le prochain qui peuvent faire tort à sa réputation ; le mensonge et le faux témoignage en justice, le manque de parole, etc. ;

6.° Punir la fainéantise, le mauvais ménage, les séditieux, etc. ;

7.° Ne point tuer de bestiaux les premières années, pour en fournir les boucheries, sans grande nécessité ;

8.° Faire toujours bonne garde, sans jamais se relâcher ni se rien pardonner à cet égard ;

9.° Ne point faire d'autre commerce que celui qui proviendra des fruits de la production du pays, tant pour empêcher que les habitants ne se dissipent, que pour prévenir les relâchements que cela causerait au défrichement des terres, qui doit faire leur principale application, et que la plupart abandonneraient pour aller vagabonder dans les bois avec les sauvages, et faire vie de bêtes, sous prétexte de chasse, s'ils n'en étaient empêchés.

10.° On peut présumer qu'au bout de dix ans, qui serait le terme de relever les seconds bataillons, les colonies qui en seraient formées seraient en état de se soutenir d'elles-mêmes et de se perpétuer ; car il ne faut pas douter qu'à mesure qu'elles se fortifieront, il ne s'y joigne d'autres habitants qu'il faudrait tous enrôler dans les mêmes compagnies. Supposant donc que les colonies se trouvent assez fortes et accommodées des arts et métiers plus nécessaires à la vie et à l'habillement, dès la première ou deuxième relevée, il ne serait plus question que de leur donner des commandants pour les gouverner, y établir les magistratures nécessaires à maintenir la police parmi eux, et ériger des paroisses et des curés pour les desservir (jusqu'à ce moment le service du culte aurait été fait par les aumôniers des bataillons); après quoi employer les deuxièmes et troisièmes relevées des bataillons à l'occupation d'autres postes choisis ailleurs, pour les peupler comme les précédents, et y faire de pareils établissements, continuant toujours d'observer le même ordre, et de mettre les terres en bonne culture, rendant les environs habitables et commerçables pour les hommes et les bestiaux au long et au large, jusqu'à ce que tout soit plein et communiqué des uns aux autres.

« Que si les premiers et deuxièmes changements de garnison n'étaient pas capables de tirer ces colonies hors de l'enfance, et de les mettre en état de se soutenir par elles-mêmes (ce que je ne crois pas à moins d'une grande négligence ou de quelque malheur imprévu), on pourrait y occuper la troisième relevée des bataillons jusqu'à ce que tout y fût en bon état; pour lors (c'est-à-dire la 15me année), je crois que ce seraient de véritables villes qui pourraient même être fermées de murailles et de fossés, et accommodées de ponts, portes, corps-de-garde, de maisons et d'églises, même de ponts sur les rivières du territoire, et de chemins aux environs, de moulins à blé, de battoirs à chanvre, huileries, scieries à eau et fouleries de drap, toutes usines qu'il se faudra donner le plus tôt qu'on pourra. Les banlieues pourraient être défrichées sur une assez grande étendue, et toutes occupées, en bon état et garnies de bons bestiaux et autres besoins nécessaires à la subsistance des habitants. Ces colonies qui, dans l'espace de quinze années de temps, s'augmenteraient considérablement, tant du fond des bataillons que des recrues annuelles et autres gens qui s'y rendraient, deviendraient par la suite de bonnes villes qui, de leur crû, donneraient naissance à quantité de métairies aux environs, qui deviendraient hameaux, et puis villages et bourgs; il s'en pourrait même faire d'autres villes comme il s'en est fait du passé.

» Or, j'estime que les premières cinq années de temps, chaque bataillon laisserait un tiers ou la moitié de ses hommes dans le pays, qui vraisemblablement seraient tous mariés; que les deuxièmes et troisièmes relevées des autres bataillons y en laisseront du moins autant, ce qui pourrait, par conséquent, faire au premier cas 150, 200 et 250 feux, et au deuxième et troisième 6 à 700 feux. Apparemment que plus de 100 autres ménages s'y joindraient par d'autres voies, soit Français de ce pays-ci, soit nègres ou sauvages convertis de ce pays-là; de sorte que chacune de ces colonies pourrait fort bien faire depuis 600 jusqu'à 8, 9 à 1,000 feux, au troisième cas, c'est-à-dire à la fin de la quinzième année de son établissement, et cela ne serait pas une chose extraordinaire. Or, ces ménages auraient déjà nombre d'enfants de huit, dix, douze, treize à quatorze ans qui, quinze autres années après, seraient tous mariés et en auraient quantité d'autres, ce qui pourrait aller à 4 ou 5,000 personnes, provenant des premières, deuxièmes et troisièmes relevées de chaque bataillon de tout âge et de tout sexe, et 25 à 30,000 pour celles des six colonies ou équivalents, lesquels proviendraient tous des premiers, deuxièmes et troisièmes bataillons qui se seraient relevés tous les cinq ans. Que si l'on continuait à les changer et à les relever de même jusqu'à trente années, les descendants de ces bataillons, dont plus de moitié vivraient encore et se porteraient bien, monteraient à presque 72,000 personnes, auxquelles ajoutant la production des vieux habitants, qu'il faudrait policer avec plus de règle qu'ils n'en ont, il en viendrait encore 25 à 30,000 âmes, petits et grands qui, étant bien ménagés, pourraient peupler et remplir le Canada d'un plus grand nombre de peuples qu'il n'y en a dans la vieille France, en moins de 250 années, sans grande dépense, ni sans affaiblir le royaume en rien qui soit, parce que, suivant cette supposition, les gens qui seraient employés à former les colonies seraient tous soldats, de ceux que le roi entretient dans le royaume, qui n'y font pas de famille, parce qu'on ne leur permet pas de se marier........ »

» Il faut soigneusement observer que, pour faire un bon défrichement, il est nécessaire de tout arracher, pierres, bois et herbes, débiter en même temps le bois qui sera propre à quelque chose, en planches, bois carrés de toutes espèces, merrain, bardeau, palis et palissades, en un mot, mettre à profit tout ce qui le méritera ; cela servirait, par la suite, aux bâtiments et ameublements, et même à en faire commerce et à clore les jardins et les cours ; convertir le bois qui ne sera propre à rien en bois de chauffage pour la provision, et brûler le *bretillage* sur les lieux, nettoyant bien la terre qu'il faudra piocher d'un pied de profondeur, et la bien mettre à l'uni afin que la charrue y puisse librement passer et repasser....»

» Il y aurait encore une bonne chose à établir en ce pays-là, qui serait un secours mutuel des communautés à tous les habitants qui y bâtiront des maisons, qui pourrait se réduire à voiturer les bois, la pierre et tous les matériaux en place de celui qui voudrait bâtir; les aider à louer leurs bâtiments et leur donner même quelques corvées gratis aux dépens de la communauté de chaque lieu où l'on bâtira. Cette charité réciproque se pratique à peu près de même en Alsace, où on ne saurait croire le bien que cela fait à ceux qui bâtissent; il n'y a point de doute qu'en y procédant de la sorte, le Canada se peuplerait bientôt et se bâtirait de même; on en assurerait la domination à cette couronne pour jamais, le royaume en tirerait de grands secours, en guerre et en paix, par la pêche, les pelleteries, les bois à bâtir des navires, le goudron, les chanvres, les blés, le charbon et mille autres denrées utiles et nécessaires, qui provigneraient à mesure qu'on s'avancerait dans ces vastes contrées qui, sans doute, renferment dans elles une infinité de trésors et de métaux de toute espèce qui s'y découvriront de jour en jour. »

Après avoir indiqué les grands travaux à faire, les établissements indispensables à fonder, il parle du régime à suivre dans l'administration des colonies. Il veut que cette administration soit douce, juste, raisonnable, en un mot, paternelle. En agir autrement, ce serait empêcher l'établissement des colonies, ou du moins nuire à leur accroissement, et les exposer à tomber au pouvoir des Anglais, qui par le bon ordre qu'ils maintiennent dans leurs établissements, augmentent de jour en jour leur puissance dans ce pays.

L'établissement de ces colonies est l'entreprise la plus noble et en même temps la plus nécessaire; la plus noble, car il s'agit de donner naissance à de grandes monarchies qui peuvent s'élever au Canada, à la Louisiane et dans l'île Saint-Domingue; puissances qui, par leur propre force et par l'avantage de leur situation, deviendront capables de balancer un jour toutes celles de l'Amérique, et de procurer d'immenses avantages à la France. Cette entreprise est aussi la plus nécessaire, « parce que si le roi ne travaille pas vigoureusement à l'accroissement de ces colonies, à la première guerre qu'il aura avec les Anglais (qui s'y rendent de jour en jour plus puissants), nous les perdrons, et pour lors nous n'y reviendrons jamais, et nous n'aurons plus en Amérique que la part qu'ils nous en voudront bien faire, par le rachat de nos denrées, auxquelles ils mettront le prix qu'il leur plaira, et notre marine, manquant pour lors d'occupation, tombera d'elle-même et deviendra à rien. » On est saisi d'un sentiment douloureux en lisant ce passage, où Vauban présidait avec autant de précision le sort qui menaçait nos belles colonies et notre marine, quand on pense que si l'on eût suivi ses avis, on aurait pu éviter tant de malheurs et de honte.

Il termine son mémoire par un calcul sur la progression que suivrait l'accroissement de la population en Canada dans une période de 240 ans, et il établit par des chiffres, que cette population pourrait s'élever alors à plus de 25 millions d'habitants La situation actuelle du Canada et des États-Unis d'Amérique sont loin de démentir les calculs de Vauban, qui était même resté beaucoup au-dessous de la réalité ; mais il ne prévoyait pas les changements politiques qui devaient apporter à ces contrées des conditions d'existence nouvelles, et augmenter leur population avec une rapidité qui devait confondre tous les calculs.

Ce mémoire est suivi d'un autre, qui en est comme l'appendice et qui a pour titre : *Etat raisonné des provisions plus nécessaires, quand il s'agit de donner commencement à des colonies étrangères.* C'est le développement détaillé et raisonné, article par article, de tout ce qui est indispensable aux nouveaux colons, et qu'il n'avait qu'indiqué sommairement dans le premier mémoire.

§ III.

Idée d'une excellente noblesse et des moyens de la distinguer par les générations.

Vauban était noble et d'une ancienne famille, quoiqu'en dise Saint-Simon dans ses mémoires, qui prétend qu'il était à peine gentilhomme, « si même il l'était » [1]. Mais il avait sur la noblesse des idées bien différentes de celles de son siècle, quoiqu'elles fussent

---

[1] Voyez Mémoires de Saint-Simon, t. II. — Il semble que Saint-Simon, dont l'esprit caustique ne se plaît qu'à critiquer, n'ayant rien à trouver à blâmer dans les actions et dans la vie de Vauban, veuille s'en dédommager en attaquant sa naissance.

loin de ressembler à celles du nôtre. Vauban regardait la noblesse comme une institution utile, comme une condition nécessaire de la civililation et de la société. C'était, selon lui, un membre indispensable du corps social, dont il était le bras, comme le roi en était la tête. Mais pour conserver à cette institution toute sa force et toute sa dignité, il fallait prendre garde de l'avilir, en y introduisant des hommes qu'aucun mérite, aucun service réel n'appelleraient à jouir de cette haute prérogative.

Son mémoire commence par indiquer les différents moyens de reconnaître la noblesse ancienne par les générations; puis, il passe aux motifs qui doivent déterminer dans le choix des nouveaux nobles.

Il voudrait que la noblesse ni aucun moyen d'anoblissement ne fût jamais donné que pour des services considérables rendus à l'état, tels à peu près que les suivants :

1.° Pour un avis véritable donné au roi touchant quelque entreprise importante sur sa personne ou sur l'état par ses ennemis, ou pour avoir découvert une conspiration ou quelque entreprise considérable sur une place;

2.° Pour de longs services militaires bien marqués, sans fraude et sans tache;

3.° Pour des ambassades ou des négociations importantes bien conduites, qui auraient heureusement réussi;

4.° Pour avoir exercé de grandes magistratures un long temps avec habileté et une conduite irréprochable ;

5.º Un don fait à l'état comme de 100 ou 200,000 écus dans un pressant besoin [1] ;

6.º Une adoption de l'état pour héritier, auquel on laisserait de grands biens ;

7.º Pour avoir trouvé quelque excellente mine d'or

---

[1] Vauban, sans pouvoir faire adopter l'ensemble de son projet, essaya plus d'une fois d'en faire admettre par le roi quelques parties. Garengeau, ingénieur, qui avait servi sous Vauban à Saint-Malo, en 1694, et qui vivait encore en 1739, raconte, dans une lettre qui a été conservée, une anecdote qui a rapport à cet article, et qui prouve avec quelle franchise Vauban parlait à Louis XIV.

« M. de Vauban, écrit Garengeau, avait de la bonté pour moi, et m'honorait de sa bienveillance et de sa correspondance. Je lui donnai ici la connaissance de M. de la Chipaudière-Magon, connétable de Saint-Malo, faisant fonction de colonel de la bourgeoisie, homme d'honneur et riche. Il l'engagea à prêter de l'argent sans intérêt pour les travaux de la ville ; il le prit en amitié, en parla avantageusement au roi ; et pria sa Majesté de l'anoblir. Le roi lui répondit ne le pouvoir faire, que c'était le prix du sang. Il travaillait avec Sa Majesté, il ploya tous ses papiers et se leva sans rien dire. Le roi lui demanda où il allait : il répondit à Sa Majesté qu'elle n'était pas d'humeur de travailler, et il alla le lendemain au lever du roi, qui ne lui dit rien, non plus que le jour suivant au dîner et au souper ; ce dont il fut très-déconcerté. Le troisième jour, le roi allant à la messe, il se présenta. Sa Majesté le tira dans une embrasure de la galerie, et lui dit : *Vauban, je ne suis plus fâché contre vous, je vous accorde la noblesse de votre ami le connétable.*

» J'étais pour lors à Versailles. Il accorda le régiment de Berri à son fils aîné, et par la suite ce régiment à son cadet, et à l'aîné, sous le nom de Gervaisais, celui de Cruzol ou d'Antin, dont il est sorti maréchal-de-camp.

Signé, Garengeau.

Saint-Malo, le 16 août 1739.

ou d'argent dans le royaume, auparavant inconnue, ou quelque chose d'équivalent ;

8.º Inventé quelque art ou manufacture très-utile à l'état ; entrepris et achevé quelque ouvrage de grande utilité et réputation, ou découvert quelque terre auparavant inconnue, dont la possession peut être utile à l'état;

9.º Pour avoir surpris une place ennemie, ou battu un gros corps d'iceux avec un nombre fort inférieur; défendu extraordinairement une place ; forcé un poste ou quelque détroit bien gardé ; enfin, pour quelque action de valeur extraordinaire, plusieurs fois réitérée, qui fit honneur à la nation.

10.º Un marchand qui, en commerce légitime, aurait gagné 200,000 écus, bien prouvé, à condition de continuer le même commerce sa vie durant.

11.º Une action de générosité extraordinaire et bien prouvée, qui peut être de quelque utilité à l'état et glorieuse à la nation.

12.º Un homme qui aurait la hardiesse d'enlever un traître à l'Etat au milieu des ennemis.

13.º Un homme qui excellerait dans les belles-lettres, et qui se serait rendu fameux par quelques excellents ouvrages......

Vauban accompagne ce projet des réflexions suivantes :

« Cette manière de faire des nobles serait bien différente de celle qui se pratique aujourd'hui. Dans les siècles un peu reculés, la noblesse était le prix d'une longue suite de services importants, et la récompense de la valeur et du sang répandu pour le service de l'état. Il fallait avec cela avoir mené une vie irréprochable, être né d'honnêtes parents qui ne fussent ni de condition servile, ni de profession basse et abjecte. Aujourd'hui, on n'y fait pas tant de façon, et la noblesse s'acquiert bien plus facilement. Ce n'est plus ou du moins c'est fort peu cette valeur si dangereuse (si exposée au danger), et ce mérite qui coûte tant à acquérir, qui font les nobles; ce n'est point la longueur des services rendus à l'état, ni les blessures reçues pour sa défense, et encore moins la vertu, ni cette probité si recommandable, ni une vie sans reproche, qui mènent à la véritable noblesse. Il n'est plus question de tout cela. Ce qui ferait la juste récompense des grandes actions et du sang versé pendant plusieurs années de services, se donne présentement pour de l'argent. C'est pourquoi les secrétaires des intendants, les trésoriers, commissaires de guerre, receveurs des tailles, élus, gens d'affaires de toute espèce, commis, sous-commis de ministres et secrétaires d'état, même leurs domestiques et autres gens de pareille étoffe, obtiendront plus facilement la noblesse que le plus brave et honnête homme du monde, qui n'aura pas de quoi la payer; car il ne faut que de l'argent, et ces gens-là n'en manquent pas; les charges de secrétaires du roi, qui sont comme d'ordinaire au plus offrant et dernier enchérisseur, sont des moyens sûrs pour y parvenir; il n'y a qu'à en acheter une pour être noble comme le roi, et quiconque a de l'argent en peut acheter: il ne faut que s'y présenter. J'ai vu des hommes travailler de leurs bras pour gagner leur vie, qui sont parvenus à être secrétaires du roi; et tout homme qui, par son industrie, aura trouvé moyen d'amasser du bien, n'importe comment, trouvera à coup sûr celui d'anoblir ses larcins par une de ces charges, ou par obtenir des lettres de noblesse, de façon ou d'autre, s'il s'en veut donner la peine, en les payant. Il y a même je ne sais combien de charges de robe et de finance dans le royaume qui anoblissent; mais, comment le dirai-je, pas une seule de guerre, pas même, je crois, celle de maréchal de France : chose étonnante s'il en fut jamais, vu les fins pour lesquelles la noblesse a été créée, qui sont toutes militaires, et pour cause de services rendus à la guerre, qu'il faut prouver pour en obtenir les lettres !

» Nos premiers rois [1], qu'on peut dire les auteurs de la noblesse française, allemande et italienne, je dis de cette noblesse militaire si recommandable par la valeur, qui est celle dont j'entends parler, ne l'ont établie que pour intéresser par ces marques d'honneur et de distinction, ce qu'il y avait de plus braves et de plus vaillants hommes parmi leurs sujets, à la conservation de leur personne et de leur état. Ce sont là les fondements de la noblesse de tout pays, d'autant plus raisonnable qu'elle a été de tout temps considérée comme l'épée et le bouclier des états. Il est d'ailleurs très-certain que les biens seuls, sans autre distinction, ne satisfont point les courages élevés qui se sentent du mérite et de grandes actions par devers eux. Il leur faut de l'élévation et quelque chose qui

---

[1] De la seconde race.

les distingue du commun des autres hommes ; et c'est pourquoi nos premiers rois, ayant d'une part reconnu la justice, et de l'autre l'utilité qui leur en revenait, se firent un mérite de l'établir, et après l'avoir établie, de la perpétuer et de l'approcher d'eux par préférence aux autres conditions de l'état. Ils leur firent part de leur fortune et de leur gouvernement ; ils leur commirent la garde de leur personne et la défense du royaume, et continuèrent à les honorer jusqu'à les qualifier d'amis et de cousins, prendre des alliances avec eux, et en faire leurs compagnons d'armes, les considérant comme les vrais supports de l'état ; et, en effet, c'est une chose admirable que, pendant sept à huit cents ans, le royaume, qui a tant essuyé de si longues et cruelles guerres contre ses voisins, n'ait employé que sa noblesse à sa défense, et qu'il s'en soit toujours si bien trouvé. Depuis qu'on a commencé à se servir de troupes réglées, c'est elle qui, comme une pépinière inépuisable de vaillants hommes, en a fourni les officiers, grands et petits, de terre et de mer. Combien de connétables, d'amiraux, de maréchaux de France et généraux d'armée, de grands-maîtres, gouverneurs de province, lieutenants-généraux sont sortis de cet illustre corps ! » Qui pourrait nombrer tout ce qu'elle a fourni d'officiers d'un caractère (d'un rang ou grade) au-dessous de ceux-là ? Combien d'excellents hommes de toute espèce en sont sortis, et à quelles actions de valeur ne se sont-ils pas portés, et, dans ces derniers temps, avec quelle ardeur n'ont-ils pas rempli les troupes du roi ? Qui pourrait nombrer toutes les belles actions que tant de milliers de gentilshommes ont faites? Y a-t-il quelque lieu dans le monde où l'on ait fait la guerre où cette illustre noblesse ne se soit pas signalée avec une valeur distinguée? Ce nombreux corps d'officiers de terre et de mer n'a-t-il pas toujours surpassé celui des ennemis, en courage, en valeur et en fidélité? Toute la terre est remplie du bruit de leur renommée, et les ennemis même en sont témoins, et savent que c'est par eux qu'ils ont tant de fois été vaincus. C'est donc avec beaucoup de raison que les rois l'ont établie, qu'ils l'ont considérée comme leur bras droit, qu'ils en ont fait leurs amis et compagnons, et qu'ils se les sont apparentés, tant ils en ont fait de cas! Mais il faudrait continuer à les soutenir, les mieux conserver, avoir plus de soin de leur éducation, et ne point les laisser avilir comme il paraît que l'on fait depuis quelque temps, même avec dessein, et surtout ne pas introduire dans ce corps tant de gens si peu dignes d'y entrer, tant de gens qui, pour tout mérite, ont bien pillé le public et le particulier, sans avoir jamais hasardé un rhume pour le service de l'état, loin de s'être portés à aucune action de guerre, ni à rien d'important qui ait pu mettre leur vie en danger, ou les exposer à quelques périls, qui est cependant la seule voie légitime pour y parvenir. »

FIN.

VOCABULAIRE

Des principaux termes techniques
de fortifications, d'art militaire, d'hydraulique, etc.,
employés dans cet ouvrage.

Approches. On appelle ainsi les différents travaux que font les assiégeants pour s'avancer et aborder une forteresse ou une place assiégée. Les principaux travaux des approches sont *les tranchées, la mine, la sape, les logements, les batteries, les galeries, les épaulements*, etc. (Voir ces mots.) Les assiégés font ordinairement des *contre-approches*, pour interrompre et détruire les *approches* de l'ennemi.

Attaques, se dit en général de toutes les actions et de tous les différents travaux que l'on fait pour s'emparer d'une place.

Régler les attaques d'une place, c'est déterminer le nombre d'attaques que l'on veut faire, et les côtés ou les fronts par lesquels on veut l'attaquer; c'est aussi fixer la forme et la figure des tranchées. *Avoir les attaques d'une place*, c'est avoir un plan sur lequel sont tracés les tranchées, les logements, les batteries, etc. *Lier les attaques*, c'est avoir soin qu'elles aient des communications pour pouvoir se donner des secours réciproquement. *Conduire les attaques*, c'est avoir la direction des travaux d'un siège.

Avancés. (OUVRAGES) *Voyez* Ouvrages.

Avant-chemin, chemin en avant du glacis.

Avant-chemin-couvert, chemin couvert en avant du glacis. (*Voyez* chemin couvert).

Avant-fossé, fossé au pied du glacis.

Baille, sorte d'ancien retranchement qui n'est plus en usage.

Baliste, machine de guerre dont se servaient les anciens pour lancer des traits d'une longueur et d'un poids très-considérables. Elle chassait aussi des balles ou boulets de plomb, égaux en poids aux longs traits qu'elle lançait.

Balistique (du grec βαλλω, *balló*, je lance). On entend par ce mot la science du mouvement des corps jetés en l'air, suivant une direction quelconque. La balistique enseigne particulièrement le jet des bombes, des obus, des boulets à ricochet, etc.

Barbacane, sorte de *fausse-braie* (V. ce mot). On appelle ainsi de petites ouvertures pratiquées dans les murs pour tirer sur l'ennemi; on donne aussi ce nom à un ouvrage avancé destiné principalement à couvrir la porte d'une forteresse.

Bascule, contre-poids servant à lever ou à baisser un pont-levis.

Bastion , partie saillante d'une enceinte fortifiée, qui a remplacé les tours carrées ou rondes des anciennes forteresses. Le bastion est une grande masse de terre, ordinairement revêtue de maçonnerie ou de gazon, qu'on construit sur les angles de la figure que l'on fortifie, et même quelquefois sur les côtés, lorsqu'ils sont fort longs. Sa figure est à peu près celle d'un pentagone. Il est composé de deux faces qui forment un angle saillant vers la campagne, et de deux flancs qui joignent les faces à l'enceinte. Les dimensions des faces et flancs des bastions sont réglées d'après la portée des bouches à feu , ainsi que la longueur de la *courtine*, partie de l'enceinte comprise entre deux bastions. Quant à la distance entre les deux courtines séparées par un bastion, elle dépend du tracé de l'enceinte et de quelques circonstances locales : cette distance est ce qu'on nomme la *gorge* du bastion. On appelle *bastion simple,* celui dont les flancs sont en ligne droite ; *bastions à flanc concave et à orillons,* celui dont les flancs couverts sont disposés en ligne courbe et dont l'épaule est arrondie ; *bastions vides,* ceux dont le rempart est mené parallèlement aux flancs et faces, de manière qu'il reste un vide dans le milieu du bastion ; *bastions pleins,* ceux dont toute la capacité se trouve remplie par les terres du rempart ; *bastion plat,* celui qui est construit sur une ligne droite, et dont par conséquent les demi-gorges ne font point d'angle ; *bastion détaché,* un bastion qui est isolé à l'égard de l'enceinte ; *bastion régulier,* celui qui a ses faces égales, ses flancs de même, et les angles de l'épaule et du flanc égaux entre eux ; *bastion irrégulier,* celui qui a de l'irrégularité dans ses faces, ses flancs ou ses demi-gorges, de même que dans ses angles du flanc et de l'épaule. — C'est aux bastions que l'assiégeant s'attache, lorsqu'il est assez près pour les battre en brèche. Tous les travaux du siège ont été dirigés vers le *point d'attaque :* ce point, et ses approches sont le but des batteries, qui lancent des projectiles de toute espèce contre les bouches à feu de l'assiégé, afin d'*éteindre ses feux*, tandis que des boulets, tirés à *ricochet*, sillonnent les remparts et les rendent inabordables. En même temps les *batteries de brèche* exécutent leur œuvre de destruction; c'est ordinairement dans l'une des faces du bastion attaqué que l'ouverture est faite; lorsqu'elle est assez grande, et que, pour la rendre plus praticable dans toute son étendue, on l'a suffisamment *aplanie* à coups de canon, il ne reste plus qu'à traverser le fossé et à donner l'assaut.

Batteries. Ce mot a dans la langue militaire un grand nombre d'acceptions diverses; nous ne le prendrons ici que dans le sens d'un emplacement armé de pièces d'artillerie disposées pour tirer contre l'ennemi, soit pour l'attaque, soit pour la défense d'une place. Les batteries sont, ou permanentes, comme dans les forteresses, ou passagères, comme celles qui sont construites, pour les approches d'une place. On appelle *batterie enterrée*, celle dont la plate-forme est au-dessous du rez-de-chaussée ou du niveau de la campagne; *batterie croisée*, celle qui est composée de deux batteries assez éloignées l'une de l'autre, et qui tirent de manière que leurs coups se rencontrent en un même point : *batterie d'un chemin couvert* ou *batterie de brèche*, celle qu'on établit sur la partie supérieure du glacis pour battre en brèche, dès qu'on est maître du chemin couvert; *batteries en barbette*, les plates-formes élevées aux angles flanqués des bastions et des dehors, de manière que le canon rase le parapet; *batteries directes*, celles qui battent à peu près perpendiculairement les côtés des ouvrages devant lesquels elles sont placées; *batteries de revers* ou *meurtrières*, celles qui battent le derrière d'un ouvrage et tirent en même temps contre le dos de ceux qui les défendent; *batterie en écharpes* ou *de bricole*, celle dont les boulets ne font qu'effleurer la partie contre laquelle on les tire et se réfléchissent dans les environs; *batterie d'enfilade*, celle qui découvre toute la longueur de quelque ouvrage de fortification, et dont le boulet peut emporter par le flanc tous ceux qui, rangés sur une ligne, font face au parapet, etc. etc.

Bélier, machine dont les anciens se servaient pour battre les murailles des ouvrages qu'ils attaquaient. C'était une grosse poutre ferrée par le bout, en forme de tête de bélier.

Boyau. On donnait autrefois ce nom à la tranchée étroite, longue, tortueuse, dirigée vers une place assiégée. Jusqu'au siège de Maëstricht, en 1673, les attaques des sièges ne cheminaient qu'à l'aide de ces boyaux, presque impraticables par leur défaut de largeur. — On appelle aujourd'hui de ce nom des chemins que l'on fait en zigzag pour communiquer entre la première et la troisième *parallèle* (V. ce mot); ils servent à lier les attaques du front de la place; ils se dirigent sur la *capitale* d'un bastion par la ligne la plus droite possible, mais de manière à éviter, par des crochets de retour, les lignes du feu de l'ennemi. *Voyez* tranchée.

Brèche, se dit du déchirement d'une pièce de fortification battue par des salves d'artillerie, et par les feux convergents des batteries de brèche; la brèche se fait aussi à l'aide de la *mine* et de la *sape* (V. ces mots). On appelle *brèche praticable*, celle qui entame le corps d'une place, et est d'un accès assez facile, non-seulement pour être gravie par les assiégeants, mais même pour donner passage aux assiégés se rendant prisonniers et réduits à évacuer la forteresse qu'ils défendaient. La possibilité d'en sortir en descendant, mèche allumée, par une telle route, fut longtemps la seule excuse que l'ex-commandant de la place assiégée put donner pour justifier sa reddition. Un gouverneur se fût déshonoré en sortant par les portes. Vauban s'est élevé avec force contre cet usage.

Capitale d'un bastion. On donne ce nom à une ligne tirée de l'angle flanqué à l'angle du centre du bastion.

Caponnière, espèce de double chemin couvert, large de douze à quinze pieds, construit au fond du fossé sec, vis-à-vis le milieu de la courtine.

Casemates. Ce sont des lieux voûtés, à l'épreuve de la bombe, pratiqués dans les pans des bastions d'une forteresse, de manière à n'en pas affaiblir la solidité, et à servir de chambre de caserne à la garnison en cas de bombardement; on y ménage des fours dont les cheminées sont disposées de manière à n'être d'aucune incommodité pour la place; on y perce des embrasures dans les flancs des bastions ou dans les orillons; on y place des pièces qui, en cas d'assaut, livré au corps de la place, tirent à mitraille.

Cavalier, élévation de terre que l'on pratique sur le terre-plein du rempart, pour y placer des batteries qui découvrent au loin dans la campagne, et qui incommodent l'ennemi dans ses approches.

Cavalier de tranchée, inventé par Vauban. C'est une élévations de gabions, de fascines et de terre que l'assiégeant pratique à la moitié ou aux deux tiers du glacis, vers ses angles saillants, pour découvrir et enfiler le chemin couvert.

Chamade, manière de battre le tambour par laquelle les assiégés indiquent qu'ils veulent capituler.

Chasses. *Voyez* écluses de chasse.

Chemin couvert, ouvrage de fortification qui fait partie des dehors d'une place. C'est un espace de cinq à six toises de largeur, terminé par une ligne parallèle à la contrescarpe, qui est couvert ou caché à l'ennemi par une élévation de terre d'environ six pieds de hauteur qui lui sert de parapet, laquelle va se perdre en pente dans la campagne. Le *chemin couvert* est une voie ou un terrain à ciel ouvert; il ne doit son nom, assez ambigu, que parce qu'il est marqué du côté extérieur par son parapet. — Il est vu des embrasures correspondantes de la place et des flancs des bastions dont il est avoisiné; il communique au fond du fossé au moyen de rampes et d'escaliers. — La prise du chemin couvert, si l'ennemi en reste maître, devient le préliminaire de la descente à ciel ouvert ou de la descente couverte, et ces opérations sont elles-mêmes le prélude de la batterie en brèche, de l'assaut et de la prise de la place.

Chenal, courant d'eau bordé de terre, par lequel les navires peuvent passer, et qui sert à les faire entrer dans un port.

Contrescarpe, pente de fossé qui regarde la place.

Contre-garde, ouvrage composé de deux faces qui forment un angle saillant vis-à-vis l'angle flanqué du bastion. La contre-garde est aussi appelée *conserve*, parce qu'elle couvre et conserve le bastion.

Contre-mine, voûte souterraine qui règne sous une muraille avec plusieurs ouvertures ou trous de place en place, pour empêcher l'effet des mines, si les ennemis en pratiquaient sous le mur. — On appelle aussi *contre-mine*, un puits et une galerie ou rameau qu'on fait exprès pour aller rencontrer la mine des ennemis, quand on sait à peu près où ils travaillent.

Corne, ouvrage à corne. *Voyez* ce mot.

Couronne. *Voyez* ouvrage à couronne.

Couronnement, du chemin couvert. *Voyez* tranchée.

Courtine. C'est la partie de la muraille ou du rempart comprise entre deux bastions, et qui en joint les flancs. Les *demi-*

lunes ou *ravelins* (*Voyez* ces mots), les portes de forteresses, les ponts dormants, correspondent ordinairement au milieu des courtines, parce que cette partie du corps de la place est regardée comme la mieux défendue.

Dehors. On donne ce nom en général à toutes les pièces détachées, à tous les ouvrages avancés qui servent de défense à une place du côté de la campagne.

Demi-lunes ou Ravelins, dehors ou pièce de fortification presque triangulaire, qu'on construit vis-à-vis les courtines, et qui est composée de deux faces formant un angle saillant vers la campagne, et de deux demi-gorges prises sur la contrescarpe de la place.

Ecluse, clôture, barrière faite de terre, de pierre, de bois, sur une rivière, sur un canal, etc, ayant plusieurs portes qui se lèvent et se baissent, et qui s'ouvrent et se ferment, pour retenir et pour lâcher l'eau. On donne aussi particulièrement le nom d'écluse à la porte elle-même qui se hausse et se baisse, qui s'ouvre et se ferme dans ces sortes de construction.

Ecluse de chasse, écluses destinées à nettoyer un port, un chenal, un bassin, etc.

Enfilade, se dit d'une ligne droite qui peut être aisément balayée par le canon de l'ennemi. *Voyez* plus haut *batterie d'enfilade.*

Epaulement, ouvrage ou élévation qui sert à mettre à couvert du canon de l'ennemi. Aussi on appelle *épaulement* tout parapet à l'abri duquel on peut faire le service. — On donne aussi ce nom à la partie avancée d'un flanc couvert, non arrondi.

Escarpe, pente du fossé du côté de la place. *L'escarpe* commence au cordon et se termine au fond du fossé. La ligne qui termine le fossé du côté de la campagne se nomme *contrescarpe*, parce qu'elle est opposée à l'escarpe.

Faces. On donne ce nom aux deux côtés de l'ouvrage les plus avancés vers la campagne, ou le dehors de la place. Les *faces d'un bastion* sont les deux côtés qui forment un angle saillant du côté de la campagne. On dit aussi les *faces de la demi-lune*, *des contre-gardes*, *de la tenaille*, etc.

Fausse-braie. Chemin couvert autour de l'escarpe, sur le bord du fossé du côté de la place.

Flancs. C'est la partie du rempart qui réunit l'extrémité de la face à la gorge ou à l'intérieur de cet ouvrage. La partie qui joint la face à la courtine est le flanc du bastion (voyez bastion). Son étendue en longueur et en largeur doit être proportionnée à celle des parties qu'il doit défendre et où l'ennemi peut s'établir pour le battre. On compte plusieurs sortes de flancs : 1° les *flancs bas* ou *place basse*, parallèles au *flanc* couvert, et au pied de son épaulement; ils servent à augmenter la défense du *flanc*; leur peu d'élévation ne permet pas à l'ennemi d'avoir prise sur eux, et leur feu rasant rend très-périlleux le passage du fossé; 2° le *flanc rasant*; c'est celui qui est perpendiculaire à la ligne de défense, et d'où l'on voit directement la face du bastion voisin ; 3° le *flanc oblique :* il est oblique à la ligne de défense ; 4° le *flanc couvert*, qui est moins exposé aux assaillants : une partie de ce flanc rentre en dedans du bastion, et elle est couverte par l'autre partie vers l'épaule ; ce flanc a l'avantage de conserver quelques canons dans cette partie, placée de manière à contribuer beaucoup à la défense du fossé et du pied des brèches; 5° le *flanc concave :* il est couvert et forme une courbe dont la convexité est tournée vers le dedans du bastion; 6° le *flanc à triple étage* ou *triple flanc*, etc., etc.

Flanquer, se dit de la partie d'une fortification qui en voit une autre, et qui lui sert de défense. *Des bastions qui flanquent les courtines.* — *Des casemates qui flanquent un fossé.*

Fougasse. Espèce de petite mine peu enfoncée dans la terre et que l'on fait jouer dans les sièges. *Voyez* mine.

Front de fortification. On appelle ainsi un côté de l'enceinte d'une place, composé d'une courtine et de deux demi-bastions.

Gabion. Espèce de panier cylindrique sans fond, qui sert dans la guerre des sièges à former le parapet des sapes, tranchées, logements, etc. — On se sert aussi quelquefois de gabions pour faire des batteries ; mais alors ils sont beaucoup plus grands que les précédents. Ils ont cinq ou six pieds de large et huit de hauteur. — On appelle *gabion farci*, un gros gabion qu'on remplit de différentes choses qui empêchent qu'il ne puisse être percé ou traversé par la balle du fusil. On s'en sert dans les sapes, au lieu de mantelets, pour couvrir le premier sapeur. — *Gabionner*, couvrir avec des gabions.

Galeries. On distingue, en terme de fortification, deux espèces de *galeries souterraines*, l'une servant à l'attaque, l'autre à la défense des places. La *galerie* dite de *communication* est construite par les assiégés pour communiquer du corps de la place ou de la contrescarpe dans les ouvrages détachés, afin de n'être point aperçu de l'ennemi. La *galerie de mine* est construite par les assiégeants dans le fossé même de la place, pour aller à couvert de la mousqueterie, au pied de la muraille et y attacher le mineur. Cette galerie a quatre pieds de hauteur sur trois de largeur ; elle fait partie des travaux d'approche. La *galerie de contre-mine* consiste en une espèce de tranchée établie par les assiégés pour interrompre ou détruire les travaux de mine. Celle-ci, qui appartient au système de défense, est ordinairement maçonnée, tandis que la première est creusée en terre et étayée par des planches ou des madriers, à mesure que le mineur avance. — On appelle *galeries d'écoute*, de petites galeries construites le long des deux côtés des galeries ordinaires, pour y placer des personnes chargées d'écouter et de découvrir l'endroit où travaille l'ennemi.

Glacis. Le *glacis de la contrescarpe*, ou simplement le *glacis*, est une pente douce qui part de la tête ou parapet du chemin couvert, et se perd dans la campagne.

Gorge. On appelle ainsi l'entrée d'un bastion, d'une demi-lune, etc. *Voyez* Bastion.

Herse. Est une espèce de grille ou de treillis à grosses pointes de bois ou de fer, qui est placée entre le pont-levis et la porte d'une forteresse pour en défendre l'entrée, et qui se lève ou s'abat selon l'occasion.

Logement. On donne ce nom dans l'attaque des places à une espèce de retranchement que l'on fait à découvert à l'aide de gabions, de saucissons, de sacs à terre, dans un ouvrage dont on vient de chasser l'ennemi, afin de s'y maintenir dans ses attaques, et de se couvrir du feu des ouvrages voisins qui le défendent. — On appelle *logement du chemin couvert*, la tranchée ou le retranchement que l'on forme sur le haut du glacis, après en avoir chassé l'ennemi.

Lunettes. On appelle de ce nom des espèces de demi-lunes, ou des ouvrages à peu près triangulaires, composés de deux faces qui forment un angle saillant vers la campagne, et qui se construisent auprès des glacis, ou au-delà de l'avant-fossé; on nomme *petites lunettes*, des espèces de places d'armes retranchées ou entourées d'un fossé et d'un parapet qu'on construit quelquefois dans les angles rentrants du fossé des bastions et des demi-lunes.

Mantelets. On donne ce nom à des espèces de parapets mobiles faits de planches ou madriers d'environ trois pouces d'épaisseur, qui sont cloués les uns sur les autres jusqu'à la hauteur d'environ six pieds, et qui sont ordinairement ferrés avec du fer-blanc, et mis sur de petites roues, de façon que, dans les sièges, on peut les placer où l'on veut pour se garantir des projectiles lancés par les assiégés.

Mine. Espèce de galerie souterraine que l'on construit jusque sous les endroits que l'on veut faire sauter, et au bout de laquelle on pratique un espace suffisant pour contenir toute la poudre nécessaire pour enlever ce qui est au-dessus de cet espace. On appelle *excavation de la mine* le solide de terre que la mine enlève; *entonnoir de la mine*, l'espèce de creux que laisse ce solide dans l'endroit où il a été enlevé; *puits de la mine*, l'ouverture qu'on fait en terre, à la profondeur de la mine qu'on veut faire; *chambre de la mine*, le lieu où l'on charge la mine; *saucisson de la mine*, la mèche avec laquelle on met le feu à la mine. — Lorsque l'ennemi découvre une mine et empêche son action, cela s'appelle *éventer la mine*.

Ouvrages avancés, ou simplement OUVRAGES. Se dit de toutes sortes de travaux avancés au dehors d'une place. Les principaux sont les *ouvrages à corne* et *à couronne*.

Ouvrage à corne. Cette pièce de fortification, qu'on appelle aussi simplement *corne*, ou *pièce haute*, ou *contre-queue d'ironde*, a une forme à peu près triangulaire; elle se dirige vers le milieu d'une des courtines d'une place fortifiée et s'y brise à peu de distance du chemin couvert.

Ouvrage à couronne. Cette pièce de fortification est d'une construction plus compliquée que ne l'est celle de *l'ouvrage à corne*. Un bastion auquel s'adjoignent deux courtines, terminées chacune par un demi-bastion composant le front d'une *couronne*; les ailes de cet ouvrage se dirigent jusqu'à leur demi-gorge vers la forteresse dont la pièce dépend : il y a des ouvrages à couronne double qui se construisent à trois fronts. On vient d'en élever un de ce genre à Saint-Denis, près Paris, que l'on nomme la *double couronne du Nord*.

Les *cornes* ainsi que les *couronnes* sont des ouvrages extérieurs, propres à mettre en communication les deux rives d'un cours d'eau, à tenir renfermé et défendre un faubourg, à environner une hauteur, à mettre en sûreté un pont dormant, etc.

Parallèles. Ce sont des lignes de fossés creusés pour le siège d'une place, et presque parallèles aux ouvrages situés du côté que l'on attaque. Un siège en forme demande généralement trois parallèles; on a vu dans cet ouvrage que Vauban était l'inventeur des parallèles, dont il fit usage pour la première fois au siège de Maëstricht. Les parallèles se nomment aussi *places d'armes*. Voyez tranchée.

Parapet. Ce mot qui dérive de l'italien *parapetto* (pare-poitrine), désigne en général toute espèce d'élévation destinée à mettre à couvert des feux de l'ennemi. Dans les fortifications permanentes, c'est l'élévation de terre qui couronne la partie supérieure d'un rempart. Le parapet est élevé sur deux ou trois banquettes; son épaisseur est de 18 à 20 pieds, sa hauteur de 6 pieds du côté de la place, de 4 et demi du côté de la campagne. Cette construction donne au-dessus du parapet la forme d'un glacis, et facilite aux troupes qui bordent le rempart les moyens de tirer de haut en bas dans le fossé ou sur la contrescarpe. — On distingue dans une place de guerre deux autres parapets : le parapet du chemin couvert, qui cache cette partie des fortifications à l'ennemi (*voyez* chemin couvert); le parapet à créneaux ou en crémaillères, placé dans l'intérieur et tracé en redent. — Les travaux d'approche, les tranchées, les parallèles, les logements, etc., sont protégés par des parapets construits au moyen de gabions, de sacs à terre, etc.

Partage. Terme d'hydraulique. Il se dit du lieu le plus élevé d'où l'on puisse faire couler les eaux, et d'où on les distribue en différents endroits par le moyen des canaux, ruisseaux, conduites, etc. — On appelle *point de partage*, le repaire où se fait la jonction des eaux destinées à être distribuées en divers endroits.

Pétard. Sorte de canon de métal qui ressemble un peu à un chapeau haut de forme, ou plus exactement à un cône tronqué, et qui sert à rompre les portes d'une ville, les barricades, les barrières, les ponts-levis, etc.

Pont. On appelle *pont*, dans l'attaque des places, un passage qu'on se fait dans les fossés pleins d'eau, pour gagner le pied de la brèche et entrer dans l'ouvrage attaqué.

Pont de communication, est, en termes de fortifications, un pont à fleur d'eau qui communique de la courtine ou de la *tenaille* à la demi-lune, et de la gorge de cet ouvrage aux places d'armes rentrantes du chemin couvert.

Pont-levis. Se dit d'un pont fait en manière de plancher, qui se hausse et se baisse devant la porte d'une ville, d'une citadelle, etc., par le moyen de flèches, de chaînes et d'une bascule. Souvent le pont-levis communique à un autre pont qui sert à traverser le fossé, et qu'on appelle pont dormant.

Poterne. Petite porte pratiquée dans le flanc d'un bastion, dans l'angle de la courtine ou près de l'orillon, pour descendre dans le fossé sans être aperçu de l'ennemi, soit pour aller en garde au dehors, soit pour faire des sorties.

Ravelin. *Voyez* demi-lune.

Redoute. Pièce de fortification détachée, petit fort fermé, construit en terre ou en maçonnerie, et propre à recevoir de l'artillerie : *redoute revêtue, redoute frisée et palissadée.*

Réduit. En termes de fortifications on distingue deux espèces de *réduits*. L'une consiste en un corps-de-garde ou porte crénelée, située dans les demi-lunes des places fortes et près de la place. Les assiégés s'y enferment et s'y retranchent lorsque la demi-lune est enlevée. — Le *réduit* est encore, à défaut de citadelle, une demi-lune ou tout autre ouvrage fermé et fortifié à la gorge du côté de la place, et pouvant au besoin agir contre elle. On trouve des réduits de ce genre dans les ouvrages des grandes places fortes du Nord et de l'Est de la France.

Rempart. Levée de terre qui environne et défend une place. Un rempart consiste en une enceinte rasante, composée de bastions et de courtines, couronnés d'un parapet, garnis d'artillerie ou susceptibles d'en recevoir, entourée d'un fossé, et percée de portes et de poternes. La fortification ancienne avait son fossé accessible à l'ennemi; la fortification moderne en interdit l'approche par la construction du chemin couvert, protégé lui-même par des dehors : une dissemblance aussi marquée a totalement changé la forme des sièges et la marche des attaques, puisque le cordon du rempart n'est aperçu que du chemin couvert, et que l'escarpe et la contrescarpe sont marquées par des ouvrages extérieurs.

Revers. Terme de guerre et de fortification. On dit, voir, prendre, battre à revers ou de revers, soit une troupe, soit un ouvrage quelconque de fortification, pour dire, voir, prendre, battre cette troupe ou cet ouvrage, soit de flanc, soit à dos. *Prendre de revers*, occuper une position d'où l'on dirige obliquement son feu contre le dos de son ennemi. On appelle le *revers de la tranchée*, le côté de la tranchée qui est tourné vers la campagne, et qui est opposé à celui qui regarde la place; *revers de l'orillon*, la partie de l'orillon vers la courtine; *revers du fossé*, le bord extérieur opposé à celui de l'enceinte.

Revêtement. C'est une espèce de mur de maçonnerie ou de gazon qui soutient les terres du rempart du côté de la campagne. *Revêtir une courtine, un bastion*, c'est élever un mur de pierre ou de brique pour en soutenir les terres. — Ordinairement l'escarpe et la contrescarpe sont revêtues d'un mur de pierre ou de moellon. — Dans les fortifications de Paris, l'escarpe de l'enceinte est revêtue, la contrescarpe ne l'est pas.

Sape. On désigne par cette dénomination les ouvrages défensifs, au moyen desquels l'assiégeant s'approche de la place qu'il attaque. Si les feux de l'assiégé ne peuvent produire que peu d'effet, on se contente d'un parapet élevé lestement avec des gabions posés vides, et que l'on remplit de terre s'il en est nécessaire, c'est la *sape volante*. Lorsqu'on est plus près de la place et plus exposé, on avance sous la protection d'un *gabion forcé*; les gabions qui forment le parapet sont remplis par la terre extraite de la tranchée, telle est la sape ordinaire. Dans quelques positions, il faut deux parapets, et alors la *sape est double*. Dans ces travaux, le poste d'honneur est sans contredit *la tête de sape*, où le premier sapeur n'est couvert que par le gabion forcé qu'il pousse devant lui, où le parapet n'est qu'ébauché, les gabions encore vides. *Voyez* tranchée.

Sas. Terme d'hydraulique. Passage ou bassin ménagé dans la longueur d'un canal de navigation, pour y retenir les eaux qu'on verse, suivant le besoin, dans la chambre d'écluse au-dessus de laquelle il est situé.

Tenailles. Ouvrage composé de deux faces qui présentent un angle rentrant vers la campagne, et qui sert à couvrir une courtine.

Tenaillon. Petite tenaille, ouvrage construit vis-à-vis l'une des faces de la demi-lune. Il y en a ordinairement deux qui se nomment aussi lunettes.

Terre-plein. C'est la partie supérieure du rempart où l'on place le canon, et où les assiégés se mettent pour défendre la place.

Tortue. C'était une espèce d'abri ou de toit que les soldats faisaient en mettant leurs boucliers sur la tête, et les serrant les uns contre les autres, pour approcher du pied des murailles d'une ville assiégée, à couvert des traits de l'ennemi. L'usage de la tortue a disparu après l'invention des armes à feu.

Tranchée. La tranchée est une espèce de chemin creusé dans la terre pour approcher d'une place assiégée. Pour s'approcher des emplacements que la nature du terrain et la configuration des ouvrages de la place désignent pour y établir des batteries, on part d'abord d'un lieu où l'on soit à couvert du feu de l'ennemi, ou à une distance qui en rende l'effet peu sensible, et l'on chemine en se couvrant successivement d'un rempart, ou plutôt d'un parapet de terre. Partout où le sol le permet, ce rempart s'établit en creusant un fossé dont on rejette les terres du côté de l'ennemi pour en former un parapet. Lorsque le sol, ou pierreux, ou marécageux, ne permet pas de creuser, le parapet se forme de fascines et de terre, de gabions ou de sacs à terre qu'on y apporte, ce qui rend l'ouvrage bien plus long et plus difficile. C'est cette espèce de chemin couvert qu'on appelle *tranchée*. On évite avec soin que la direction du tir, d'un point quelconque de la place, puisse *enfiler* la tranchée dans sa longueur : pour cela on la conduit ordinairement en zig-zag, c'est ce qu'on appelle la *tranchée à crochets*. Cette tranchée se fait quelquefois double et quelquefois simple, c'est-à-dire que du point de départ, appelé la *queue de la tranchée*, on pousse un chemin couvert à droite et à gauche, ou bien on ne s'étend que d'un seul côté. — Lorsque les tranchées par lesquelles on s'approche de la place sont arrivées à la distance où l'on doit établir les batteries, on ouvre une nouvelle tranchée dans une direction parallèle au développement extérieur du front qu'on attaque, et qui, pour ce motif, porte le nom de *parallèle*. C'est sur cette ligne qu'on établit les batteries au point convenable pour l'effet qu'elles doivent produire. De cette première parallèle on continue à avancer vers la place par de nouvelles tranchées. Selon l'importance du nombre, ou des effets de l'artillerie des assiégés, on forme, en avant de la première, une seconde, et même une troisième parallèle; quelquefois, on avance directement pour s'établir au haut du glacis des ouvrages, c'est ce qu'on appelle le *couronnement* eu chemin couvert. On concevra facilement que, dès l'instant où l'on arrive à la portée des petites armes, il se présente de nouveaux dangers dont l'assiégeant avait été à l'abri jusqu'alors, aussi cette opération est-elle une des plus difficiles des sièges. Ce dernier bout de tranchée se fait soit directement, en se garantissant du feu d'enfilade par des massifs ou traverses très-rapprochées, soit au moyen de zig-zag très-courts, et toujours en observant que les travailleurs soient bien à l'abri du feu de l'ennemi.

FIN DU VOCABULAIRE.

TABLE DES MATIÈRES.

CHAPITRE PREMIER.

Naissance de Vauban. — Détails sur sa famille. — Sa première éducation. — Il quitte son pays et s'engage dans le régiment de Condé. — Il se distingue au siège de Sainte-Menehould. — Il est fait prisonnier par les troupes royales. — Mazarin le fait entrer dans le régiment de Bourgogne. — Il est employé aux sièges de Sainte-Menehould, de Stenay, de Clermont. — Il reçoit le brevet d'ingénieur. — Il dirige les attaques de Landrecies, de Condé, de Saint-Guislain, de Valenciennes, de Montmédi, de Mardick. — Emploi de son temps pendant les quartiers d'hiver. — Le maréchal de la Ferté protège Vauban. — Il lui fait obtenir la direction en chef des travaux des sièges de Gravelines, Ypres et Oudenarde. — Il est fait prisonnier par les ennemis et renvoyé sur parole. 11

CHAPITRE II.

Occupations de Vauban pendant la paix des Pyrénées. — Son mariage. — Mort de Mazarin. — Louis xiv règne par lui-même. — Louvois et Colbert se partagent l'administration des forteresses. — Grands travaux dont Vauban est chargé. — Digression sur les changements survenus dans l'art de fortifier et d'attaquer les places depuis l'invention de la poudre. — Anciennes forteresses. — Moyens d'approcher et d'attaquer les anciennes places. — Changements dans la construction des forteresses. — Les bastions substitués aux tours. — Travaux avancés, ouvrages extérieurs, etc. — Vauban est chargé d'abord de fortifier Dunkerque. — Travaux qu'il fait exécuter dans cette place. — Canal du Languedoc. — Erreur de quelques personnes qui en ont attribué les travaux à Vauban. — Colbert charge Vauban de visiter les ports de Normandie. — Guerre de 1667. — Vauban sert dans le corps d'armée commandé par le roi. — Il est chargé de fortifier Charleroi, puis du siège de Douai, où il est blessé à la joue. — Siège de Lille. — Commencement de la faveur de Vauban. — Il est nommé lieutenant des gardes du roi. — Il est chargé de fortifier les places conquises. — Paix d'Aix-la-Chapelle. — Vauban est nommé gouverneur de la citadelle de Lille. — Plan en relief de cette citadelle. — Travaux de Vauban sur les frontières du Nord et en Roussillon. — Son voyage à Turin. — Ses recherches pendant ses voyages. — Il retourne en Flandre, reprend les travaux de Dunkerque et des autres places de Flandre. — Usage des manœuvres d'eau. — Mémoires pour servir d'instruction sur la conduite des sièges. 24

CHAPITRE III.

Guerre de 1672. — Siège de Maëstricht. — Vauban est chargé de le diriger. — Il invente les *parallèles*. — Capitulation de cette ville. — Siège de Trèves. — Coalition contre Louis xiv. — Vauban visite les côtes et les frontières. — Il dirige les principaux sièges dans la campagne de Franche-Comté. — Il soutient le siège d'Oudenarde. — Il est nommé brigadier des armées, puis maréchal-de-camp. — Danger qu'il court à la Bassée. — Instructions données par Vauban pour la défense de plusieurs places. — Belle conduite de Vauban à l'égard de Cohorn. — Projets de Vauban pour fortifier la frontière du Nord. — Il conduit les sièges de Condé, Bouchain et Aire. — Il est blessé devant Aire. — Siège de Valenciennes. — Prise de cette ville. — Siège de Cambrai. — Attaque d'une demi-lune, malgré l'avis de Vauban. — Les Français sont repoussés. — Vauban s'en empare. — Attaque de la citadelle. — Le roi ne veut accorder aucun quartier à la garnison. — Vauban l'en détourne. — Prise de Saint-Omer par le duc d'Orléans. — Le roi visite les places conquises, et ordonne à Vauban les travaux nécessaires. — Siège de Saint-Guislain. — Sollicitude du roi pour Vauban. — Siège d'Ypres. — Conseil de Vauban à Louis xiv. — Paix de Nimègue. — Mort d'un neveu de Vauban. 47

CHAPITRE IV.

Vauban est nommé commissaire-général des fortifications du royaume. — Difficultés qu'il fait pour accepter cette place ; ses motifs. — Construction du port de Dunkerque. — Vauban visite les ports et les places du Midi. — Construction des places fortes de la ligne du Nord et de l'Est. — Vauban retourne dans le Midi ; achève les forteresses des Pyrénées. — Visite des ports et des côtes de l'Ouest. — Bienfaisance de Vauban envers les officiers sans fortune. — Ses voyages dans son pays natal et au château de Bazoches. — Louis xiv s'empare de Strasbourg. — Vauban est chargé de fortifier cette place. — Il répare Casal, d'après les plans de Catinat. — Coup-d'œil général sur les travaux de Vauban en 1681 et dans les années suivantes. — Guerre de 1683. — Vauban conduit les sièges de Courtrai et de Luxembourg. — Détails sur ce dernier siège. — Présence d'esprit de Vauban dans une reconnaissance. — Trêve de Ratisbonne. — Vauban est chargé de perfectionner les fortifications de Luxembourg. — Il construit Mont-Royal, Landau, le fort Louis, l'aquéduc de Maintenon. — Projet pour la défense des côtes. — Vauban visite le canal du Languedoc. — Mémoire qu'il adresse au ministre à ce sujet. — Analyse de ce mémoire. 65

CHAPITRE V.

Ligue d'Augsbourg. — Louis xiv commence la guerre. — Siège de Philisbourg, conduit par Vauban sous les ordres du dauphin. — Vauban invente le *tir à ricochet*. — Prise de Philisbourg. — Lettre de Louis xiv à Vauban. — Lettre de Montausier au dauphin. — Vauban sollicite la formation d'un corps de sapeurs du génie. — Siège de Franckenthal et de Manheim. — Le dauphin fait présent à Vauban de quatre pièces de canon. — Guillaume d'Orange devient roi d'Angleterre. — Toute l'Europe est liguée contre la France. — Situation de la France. 84

CHAPITRE VI.

Louis xiv se prépare à soutenir la guerre. — Ses succès dans la première campagne. — Siège et prise de Mons. — Vauban est chargé de fortifier cette place. — Le roi se résout à faire le siège de Namur. — Trait d'humanité des soldats français. — Vauban est chargé de conduire le siège de Namur. — Cohorn défend cette ville. — Prise de la ville. — Siège de la citadelle. — Difficultés qu'offre l'attaque de cette forteresse. — Détails des travaux d'approche et d'attaque. — Capitulation de Cohorn et du fort Guillaume. — Capitulation de la citadelle. — Traits de courage et de désintéressement racontés par Vauban. — Louis xiv admet Vauban à sa table. — Bataille de Steinkerque. — Usage des fusils à baïonnette, introduit par Vauban. — Vauban va en Dauphiné, pour mettre les places de cette province en état de défense. — Institution de l'ordre de Saint-Louis, dont l'idée est attribuée à Vauban. — Il est nommé grand'croix de cet ordre à sa création. — Siège de Charleroi. — Particularités sur ce siège. — Campagne de 1694. — Vauban est envoyé en Bretagne pour la défense des côtes. — Ses succès sur les Anglais. — Ses instructions pour diminuer dans les ports les ravages des bombes. — Campagne de 1695. — Le prince d'Orange reprend Namur. — Comparaison de ce siège avec celui dirigé par Vauban. — Parallèle entre Vauban et Cohorn. — Analyse d'un mémoire de Vauban sur les sièges que l'ennemi pourrait entreprendre, et sur l'importance des camps retranchés. — Paix avec le duc de Savoie. — Siège d'Ath, l'un des plus remarquables de Vauban. — Paix de Riswick. — Indignation qu'elle excite. — Lettre de Vauban à Racine à cette occasion. 92

CHAPITRE VII.

Nouveaux travaux de Vauban après la paix de Riswick. — Projets pour Charlemont et Givet. — Projets pour la navigation des rivières et canaux de la Flandre et de l'Artois. — Construction de Neuf-Brisack. — Projet pour la canalisation de l'Ill. — Projets pour les places de Franche-Comté et les autres frontières de l'est. — Étude sur le canal de Bourgogne. — Examen du projet de canal d'Aix à Marseille. — Travaux dans les ports de Provence. — Mémoire de Vauban sur la navigation de toutes les rivières de France qui en sont susceptibles. — Mémoire sur l'irrigation, les moyens de la pratiquer, et les avantages qui en peuvent résulter pour l'agriculture. — *La dixme royale.* — Analyse et extraits de cet ouvrage. 120

CHAPITRE VIII.

Guerre pour la succession d'Espagne. — Vauban est élevé au rang de maréchal de France. — Il refuse longtemps cette dignité. — Ses motifs. — Il conduit le siège de Brisach sous les ordres du duc de Bourgogne. — *Traité de l'attaque des places.* — Belle conduite de Vauban à l'occasion du siège de Landau. — Occupations de Vauban pendant ses loisirs. — Ses OISIVETÉS. — Vauban est créé chevalier des ordres du roi. — Il est chargé de défendre la frontière de Flandre. — Sa présence et son activité déterminent l'ennemi à changer ses plans. — Louis XIV veut faire le siège de Turin. — Il désire charger Vauban de cette entreprise. — Intrigue pour donner cette commission à La Feuillade. — Vauban fournit le plan d'attaque. — La Feuillade en propose un autre. — Lettre remarquable de Vauban à ce sujet. — Il offre ses services au roi pour aller sous les ordres de La Feuillade au siège de Turin. — Son offre n'est pas acceptée. — Issue du siège de Turin, telle que Vauban l'avait prévue. — *Traité de la défense des places.* — Mort de Vauban. — Opinion de ses contemporains sur lui. — Translation du cœur de Vauban aux Invalides, en 1808. — Etat des sièges faits et des places fortes bâties par Vauban. 151

CHAPITRE IX.

Coup-d'œil sur les *Oisivetés* de Vauban. — Classement de ses principaux ouvrages. — Examen des mémoires ayant pour titre : *L'importance dont Paris est à la France; Mémoire sur les colonies; Idée d'une excellente noblesse.* 193

Vocabulaire des principaux termes techniques de fortifications, d'art militaire, d'hydraulique, etc., employés dans cet ouvrage. 239

FIN DE LA TABLE.

— Lille, typ. L. Lefort 1850.

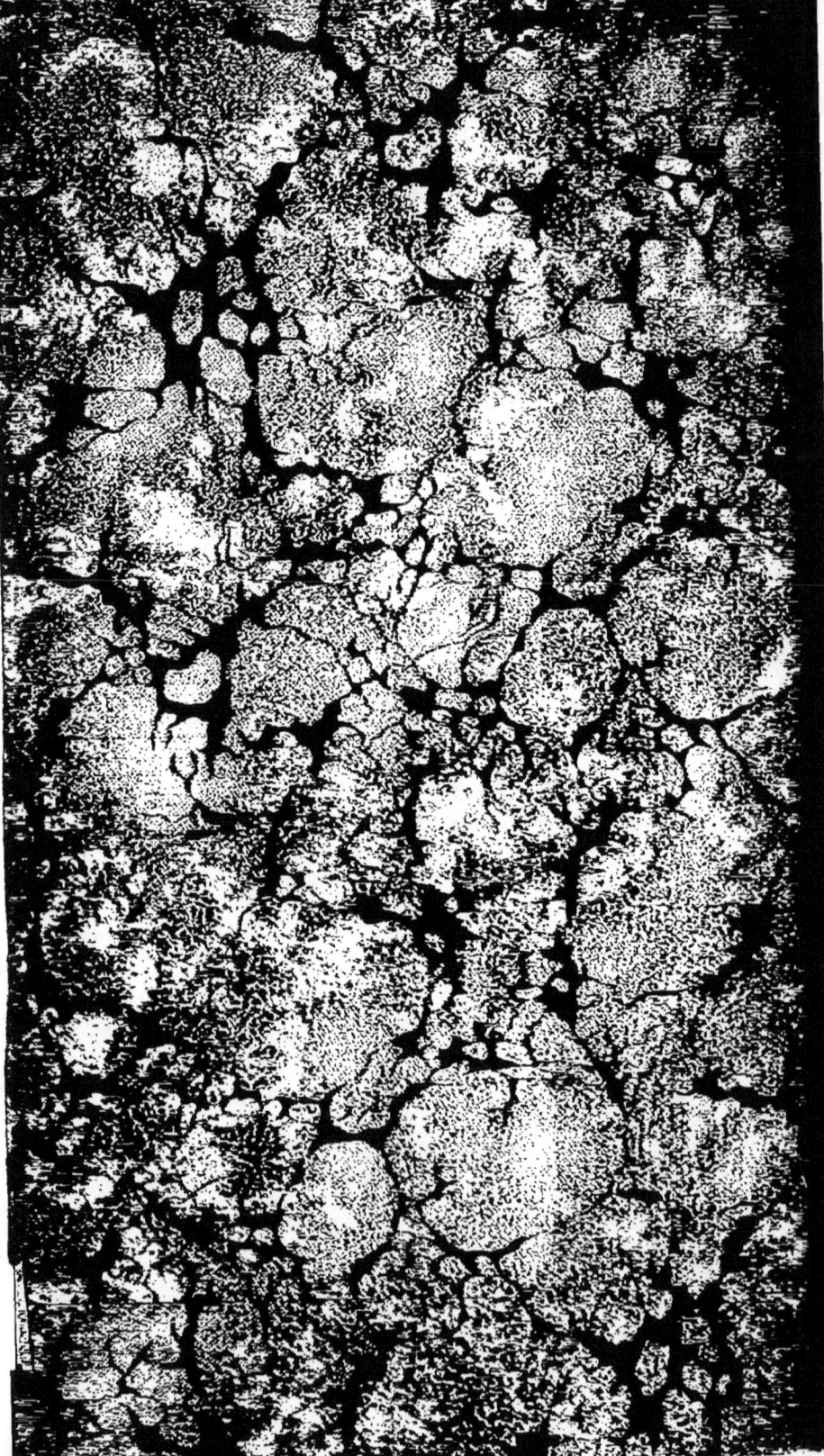

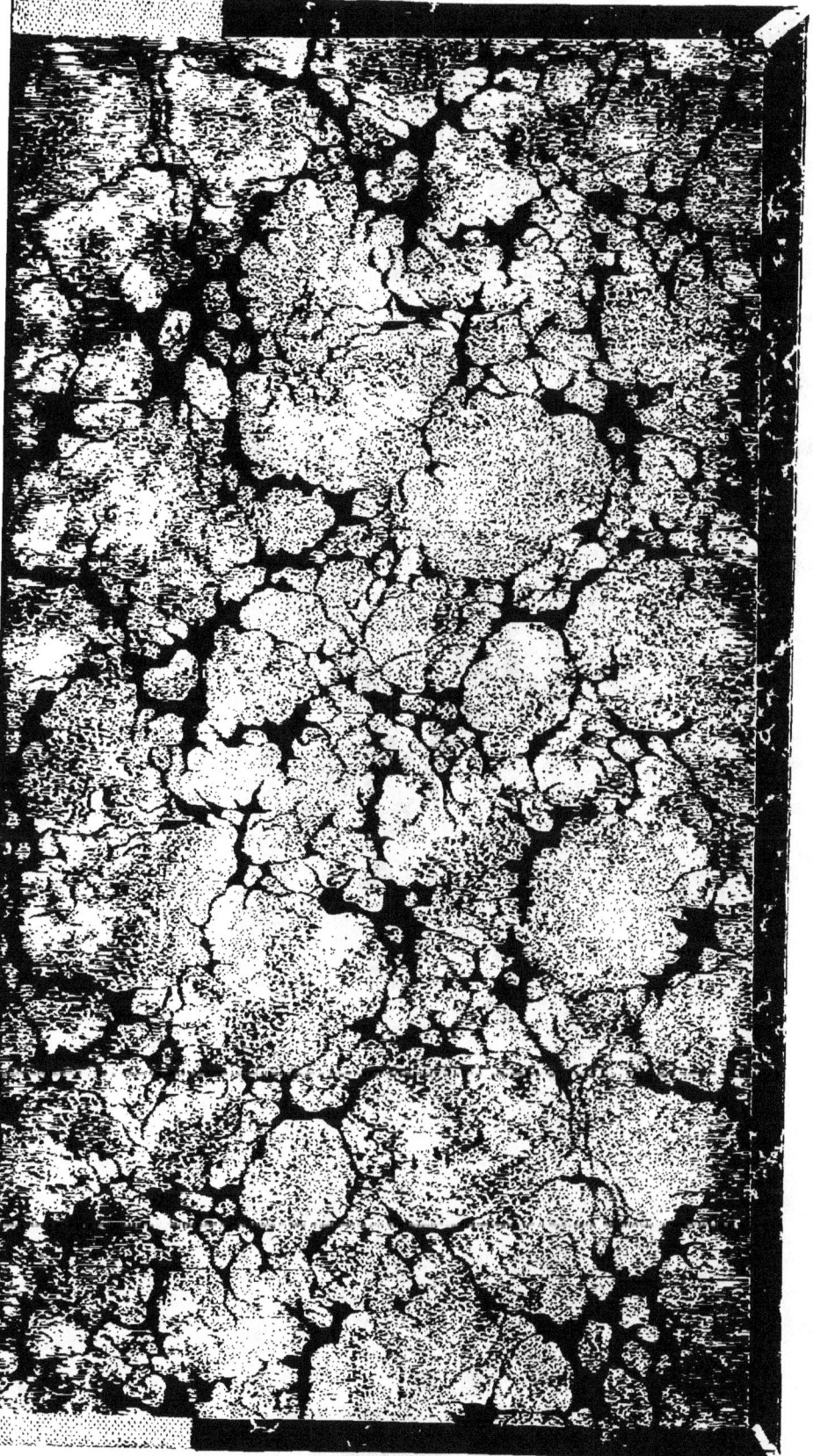

www.ingramcontent.com/pod-product-compliance
Lightning Source LLC
Chambersburg PA
CBHW050651170426
43200CB00008B/1240